RENÉ WENZL ALICE STOCKREITER

Kluge Köpfe kochen gesund

VERLAGSHAUS DER ÄRZTE

MEHL
1kg

RENÉ WENZL   ALICE STOCKREITER

Kluge Köpfe kochen gesund

mit leicht nachkochbaren Rezepten zahlreicher Kochstars:

Christian Domschitz
Haubenküchenchef Restaurant Vestibül, Wien

Fachschule für Land- und Ernährungswirtschaft
Halbenrain – St. Marein

Hans Peter Fink
2-Hauben, Gasthaus Haberl und Fink's Delikatessen, Walkersdorf bei Ilz

Marianne Flucher
Küchenchefin Gasthaus Riegersburgerhof, Riegersburg

Joachim Gradwohl
3-Hauben-Küchenchef Meinl's Restaurant, Wien

Heinz Hanner
Besitzer und Küchenchef des Relais & Châteaux Hanner, Mayerling

Uwe Koch
Hauben-Küchenchef Seekarhaus, Obertauern

Johann Lafer
TV- und Sternkoch, 3-Hauben, Johann Lafers Stromburg, Stromberg bei Bingen

Toni Mörwald
....Hauben-Küchenchef Restaurant Mörwald „Zur Traube", Feuersbrunn

Karl & Rudi Obauer
Hauben-Küchenchefs Restaurant-Hotel Obauer, Werfen

Jacqueline Pfeiffer
2-Hauben-Küchenchefin Restaurant „Le Ciel" im Grand Hotel, Wien

Heinz Reitbauer
Wirtshaus Steirereck am Pogusch, Turnau

Martin Sieberer
3-Hauben-Küchenchef (1 Michelin-Stern) Trofana Royal, Ischgl

Sissy und Stefanie Sonnleitner
3-Hauben, 1 Michelin-Stern, Landgasthaus Kellerwand, Kötschach-Mauthen

Hans Urschal
Küchenchef Kurhotel Vollererhof, Puch bei Salzburg

Lisl Wagner-Bacher
3-Hauben-Köchin Landhaus Bacher, Mautern a.d. Donau

Martina Willmann
2-Hauben-Küchenchefin Kochstudio willmannkochen, Wien

Bildnachweis:
Zeichnungen: Nathalie Sagasser 2, 32; Stefan Zeman 14; Sebastian Uiers 28, 66; Pia Hecher 46; Cesar Khazen 62; Leonie Kühne 76; Marc Gabriel 94; Thomas Nikolaus 110; Jasmin Gierlinger 138; Emilia Albrecht 158; Lukas Ügül 143

Lisa-Louise Küffel: Coverfoto, 6 l. o. und. r. u., 11, 31 r., 35, 37, 38, 39, 41, 43, 57, 58 l., 60, 70, 78, 79, 80, 83 l., 84 r., 87 r. o. und l. u., 91, 99, 101, 103, 104, 105 108, 114, 118, 125, 126, 127, 130 l. o. und r. u., 133 r., 134, 137, 142, 149 l. o. und r. u., 152 154, 160, 168, 170
TrummerVision (Foodstyling von Mag. Hanne Kröncke): 12, 19, 21, 23, 25, 27, 53, 55, 58 r., 59, 61, 69, 83 r., 85, 86, 89, 92, 93, 107, 109, 123, 131, 135, 136, 145, 147, 148, 167, 169, 171, 173, 174, U4 unten
Bildagentur Waldhäusl: 65 l.
Johann Lafer: 73, 75
Lisl Wagner-Bacher: 151, 153, 155, 157
Pixelio: Alice Munger: 33, Andreas Morlok: 48 r., Thommy Weiss: 49, Gabi Schoenemann: 97, 117 Pyramide (4. Stufe: Brot), 129, 162 (3. Bild), Kurt-Bouda: 120, Elsa: 156, Maria Lanzmaster: 161, 162 o., Franz Haindl: 164 (3. Bild), Maren-Beßler: 165 o., mad-max: 165 (2. Bild), Angelika Ströbel: 117 Pyramide (2. Stufe: Joghurt, 3. Stufe: Nüsse), Monika Tugcu: 117 Pyramide (2. Stufe: Milch), wrw: 117 Pyramide (4. Stufe: Olivenöl), sassi: 117 Pyramide (5. Stufe: Früchtetee), berwis: 117 Pyramide (5. Stufe: Wasser), Hofschläger: 117 Pyramide (5. Stufe: Sport)
Alice Stockreiter: 1, 16, 26, 44, 45, 87 r.u., 90, 112, 128, 133 l., 146
Martin Schrampf: 6 r.o. und l.u., 48 l. und m., 51, 84 l., 87 l.o., 117 Pyramide (1. Stufe, 2. Stufe: Käse, 3. Stufe alles außer Nüsse, 4. Stufe: Obst, Gemüse), 121, 130 o.r. und u.l., 140, 149 o.r. und u.l., 162 (2. und 4. Bild), 163, 164, 165 (3. und 4. Bild)
Seekarhaus, Obertauern: 71
Thomas Apolt: U4 oben
Hagen Schaub: 50 m
PhotoAlto: 31 l., 50 l. und r.

1. Auflage 2009

ISBN 978-3-902552-49-5

Umschlag & Layout: Beatrix Kutschera, www.atelier21.at, Wien
Technische Betreuung: Johann Kutschera, www.atelier21.at, Wien
Umschlagfoto: Lisa-Louise Küffel, Wien
Projektbetreuung: Hagen Schaub
Druck & Bindung: Universitätsdruckerei Klampfer GmbH, St. Ruprecht a.d. Raab
Printed in Austria

Aus Gründen der leichteren Lesbarkeit – vor allem in Hinblick auf die Vermeidung einer ausufernden Verwendung von Pronomen – haben wir uns dazu entschlossen, alle geschlechtsbezogenen Wörter nur in eingeschlechtlicher Form – der deutschen Sprache gemäß zumeist die männliche – zu verwenden. Selbstredend gelten alle Bezeichnungen gleichwertig für Frauen.

Autoren und Verlag danken der Albertus-Magnus-Schule in Wien für die Zurverfügungstellung der Schulküche, wo alle Rezepte mit Schülern nachgekocht und die Ergebnisse fotografiert wurden.

Zu danken ist auch der Firma Johann Krawany Handels GmbH, die das Geschirr und die Dekos für die Herstellung der Fotos zur Verfügung gestellt hat.

Danke an alle, die das Zustandekommen dieses Buches unterstützt haben – vor allem alle Mütter, die Direktion der Albertus-Magnus-Schule nebst Kollegen und Schülern und alle, die hier nicht erwähnt sind. Einfach danke.

Besonderer Dank gilt auch Herrn Univ.-Prof. Dr. Kurt Widhalm für die fachliche Durchsicht des Buches.

Vorwort

Ernährungsabhängige Erkrankungen sind – auch in Europa – zu einem Gesundheitsproblem ersten Ranges geworden. Der Anstieg der Zahl von Jugendlichen und jungen Erwachsenen mit erhöhtem Blutdruck, erhöhten Blutfetten, gestörter Glucosetoleranz, Diabetes mellitus II, Leberverfettung und beginnender Atherosklerose ist bereits Besorgnis erregend. Nicht umsonst hat die WHO 2006 Übergewicht und Adipositas als „herausragendes Gesundheitsproblem von Kindern" bezeichnet. Zahlreiche Gesellschaften und Organisationen haben zum Teil widersprüchliche Empfehlungen für eine sogenannte gesunde Ernähung abgegeben. Die Charakteristika einer präventiven Ernährung bleiben jedoch glasklar und deutlich – auf naturwissenschaftlicher Basis – bestehen: Die Energiezufuhr muss dem tatsächlichen Energieverbrauch entsprechen. Letztere kann nur durch körperliche Aktivität, ersteres nur durch sorgfältige und kluge Nahrungsmittelauswahl erfolgen. Dass Nahrungsmittel jedoch verarbeitet und zubereitet werden müssen, um schmackhaft zu sein und Hunger- und Appetitgefühle zu stillen, sollte zwar bekannt sein, wird jedoch viel zu wenig gepflegt und kaum gelehrt.

Dass dabei nicht nur die Sinne angesprochen werden, sondern dass Kochen auch ein hohes Maß an Kreativität erfordert, ist (noch) nicht wirklich populär. Damit schon als Jugendlicher zu beginnen, ist wichtig, erfüllt mit Freude, stimuliert Phantasie und soll auch zum vergnüglichen Genießen beitragen.

Dahinter muss jedoch eine Bereitschaft zum Erwerb von Ernährungswissen stehen, dies zu erwecken ist bei der Fülle von Informationen nicht immer einfach. Das vorliegende Büchlein liefert eine Reihe von Beispielen, wie man eine gesunde Tages-Ernährung mit schmackhaften Speisen leicht und schmackhaft zusammenstellen kann. Bei spezifischen Ernährungsproblemen (Nahrungsmittelunverträglichkeiten, Stoffwechselstörungen etc.) sind jedoch in Ernährungsmedizin ausgebildete Ärzte kompetente Ansprechpartner.

Kurt Widhalm

Professor für Ernährungsmedizin an der Medizinischen Universität Wien

Inhalt

Felber
3 20

Einleitung

ESSEN IST LEBENSNOTWENDIG. ESSEN MACHT FREUDE. KOCHEN IST SUPER! FALSCHE NAHRUNG KANN ABER AUCH VIELE PROBLEME HERVORRUFEN!

Essen ist lebensnotwendig. Speisen ist ein Genuss. Kreatives Kochen ist genial – für Kinder, Jugendliche und Erwachsene.

Leider sind die Fehler, die wir als Kinder beim Essen machen, nicht so leicht vergessen. Wir lernen als Kinder und Jugendliche nicht nur viel für die Schule – Mathematik, Deutsch, Fremdsprachen oder Geografie –, wir erlernen auch Verhaltensweisen, die unser Essen und unsere Nahrung betreffen.

Diese prägen sich ganz tief in uns ein und wir können sie später nur sehr schwer ändern. Auch wenn wir es in manchen Phasen unseres Lebens vielleicht nicht gerne hören, unsere Eltern und nächsten Erwachsenen sind Vorbilder, nach denen wir uns orientieren. Was und wie sie essen, was sie als tägliche Nahrung einkaufen, das ist in uns gespeichert. Wir dürfen diese Vorbildwirkung nicht unterschätzen.

Im späteren Leben ist es für uns viel schwieriger, vielleicht überflüssige Kilos loszuwerden. Wir schleppen sie sinnlos mit uns herum. Wir verstehen, dass unser tägliches Essen – die Art, welche Fette, aber auch welch Kohlenhydrate, wann wir die Energie zu uns nehmen – von ganz entscheidender Bedeutung für unsere Leistungsfähigkeit und für unsere Gesundheit ist.

Und das vielleicht Wichtigste: Gemeinsames Kochen ist so spannend und macht so viel Spaß, dass wir versuchen sollen, es so oft wie möglich – vielleicht sogar täglich – auszuüben.

Wir haben viele Köchinnen und Köche – die Besten – gebeten, euch ihre tollsten Rezepte zu geben, damit ihr sie zu Hause oder mit Freunden nachkochen könnt. Wir haben sie alle gekostet. Ihr werdet sehen, dass alle Speisen wunderbar schmecken. Wenn ihr selbst am Herd in der Küche steht, werdet ihr bemerken, dass Kreativität gefragt ist, ihr manchmal auch andere Zutaten verwenden könnt und ein bisschen experimentieren sollt. Wir würden am liebsten gleich mit euch beginnen.

Auf ans Werk!
Es macht so viel Freude!!! Fangen wir gleich an!!!
Alice und René

Gesunde Küche

VIELE STARKÖCHE HABEN FÜR EUCH EINFACH NACHKOCHBARE UND GESUNDE REZEPTE ZUSAMMENGESTELLT.

Alexa
MAGGY

Die wichtigsten Dinge des Lebens
spielen sich zwischen Anfang und Ende des Verdauungskanals ab.

Paracelsus (1493–1541)
Arzt, Alchemist, Astrologe, Mystiker, Philosoph

Die acht besten Tipps für unsere Ernährung

1. Kocht gemeinsam – es macht so viel Spaß!
2. Erprobt und gestaltet Gerichte kreativ!
3. Bereitet die Speisen frisch zu – esst wenig Fertigprodukte und wenig Fastfood!
4. Genießt ein perfektes Frühstück für die Steigerung eurer Leistung!
5. Beachtet unsere Ernährungspyramide: Lernt die Wirkung von Kohlenhydraten und Fetten einzuschätzen!
6. Esst viel Obst und Gemüse als Quelle von Vitaminen und Ballaststoffen!
7. Verwendet viel Vollkorn – ihr schützt euch vor Giften!
8. Macht ausreichend Bewegung, so habt ihr ein tolles Körpergefühl!

Das neue Vestibül – eine Wiener Brasserie im Burgtheater

Veronika Doppler und Christian Domschitz bereichern die Wiener Gastronomieszene mit einem neuen Konzept im nunmehr gemeinsam geführten altbekannten Restaurant Vestibül.

„In Österreich erdacht, mit Raffinesse gemacht"

Die Küchenlinie ist einfach beschrieben: Einzigartige Produkte österreichischer Herkunft werden von Christian Domschitz in bekannter Weise puristisch ohne Schnickschnack mit besten Zutaten verarbeitet oder vielmehr komponiert. Das heißt, Paradeiser bleiben zwar Paradeiser, aber dennoch wird der Gast die Rafinesse der Gerichte, für die Domschitz bekannt ist, nicht vermissen. Zum Beispiel Saure Wurst von der Kalbspariser mit ebendiesen Paradeisern im Miniformat und gerösteten Sonnenblumenkernen, feinsten Ölen und Essig aus Österreich.

„Nicht auf der Karte, dennoch wie das Amen im Gebet"

Kurzum, es wird im neuen Vestibül Altbewährtes vom Domschitz zwar immer geben – wie sein vor vierzehn Jahren kreiertes Szegediner Hummerkrautfleisch oder sein zehn Jahre alter Waller Kümmelbraten oder sein seit sieben Jahren berühmtes Surschnitzerl vom Zander (wenn nicht immer auf der Karte, dann aber für die, die es kennen, immer auf Abruf) –, aber grundsätzlich finden sich klassische Brasseriegerichte mit Fleisch, Fisch und Gemüse auf der Karte; ebenso wie Innereien: Bries, Herz, Zunge oder Leber allerbester Herkunft, auf klassisch-österreichische Weise zubereitet. Es gibt österreichischen, aber auch französischen Käse – zum Beispiel von Paget – und herrliches Brot, das den Zusatz Bio wirklich verdient, da es in einem uralten, über jahrzehnte nicht erloschenen Backofen mit von Hand verarbeiteten natürlichsten Zutaten gebacken wird.

„Das Reindl verkehrt ausschmieren"

Der ebenfalls von Domschitz stammende Ausspruch ist eine gute Beschreibung für das neue Konzept im Vestibül. Nichts wird neu erfunden, sondern lediglich neu interpretiert, der Apfelstrudel wird im Glas und das gebratene Rindermark in einer reduzierten Rindsuppe auf Erbsen und hausgemachten Nudeln serviert. So verhält es sich auch mit der neuen Bezeichnung einer „Wiener Brasserie". Man folgt in manchen Bereichen der eingeführten Vestibül-Küche und entwickelt sie weiter. Es werden, dem französischen Vorbild folgend, Klassiker und täglich wechselnde Gerichte serviert, wie ein österreichisch-französisches Entrecôte samt klassischen Beilagen, saisonale „Hotspots" wie zum Beispiel frische Austern, ein tägliches Dreigangmenü und – das sei wirklich abschließend erwähnt – zum Ausklang burgenländische Hochzeitskekse, die man auch mitnehmen kann.

Das Vestibül im Burgtheater ist ein besonderer Platz, wo nicht nur hervorragend gegessen, sondern auch diskutiert und getratscht und gefeiert werden kann. Ein Ort, wo der Esprit der Gastgeber zu spüren ist und an dem man sich auf immer wieder neue Überraschungen einstellen darf.

Restaurant Vestibül , Veronika Doppler & Christian Domschitz
Dr. Karl Lueger-Ring 2, 1010 Wien, Tel.: 01/532 49 99, Mail: restaurant@vestibuel.at

Mohnnudeln mit Erdäpfelkompott

ZUTATEN

FÜR 4 PORTIONEN:

500 g mehlige Erdäpfel (Kartoffeln)
140 g Mehl griffig/Dinkelmehl
2 EL Polenta
3 EL Leinöl oder
anderes kaltgepresstes Öl

Zum Durchschwenken:

3–4 EL Öl
2–4 EL Staubzucker
6 EL gemahlenen Mohn

Erdäpfelkompott:

24 fest kochende Erdäpfel
(Kartoffeln)
500 ml Wasser
6–8 EL Honig oder
Rohrzucker je nach Geschmack
Saft einer Bio-Zitrone + Schale
(unbehandelt)
1 Zimtstange
1 Vanilleschote (Bourbon-Vanille)

ZUBEREITUNG:

Die Nudeln wie im Rezept „Mohnnudeln mit Schinken und Reh" (nächste Seite) zubereiten. Dann Butter in einer Pfanne zerlassen und den Mohn darin erwärmen. Zucker zufügen und die Nudeln darin schwenken.
Für das Erdäpfelkompott eine Vanilleschote längs einschneiden und mit einem spitzen Messer das Mark herauskratzen. Wasser, Honig oder Zucker, die Zimtstange, das Vanillemark und Zitronensaft + Schale aufkochen lassen. Die Erdäpfeln schälen, in Form bringen und in einem schmalen, hohen Topf in diesem Fond weich kochen.
Zum Servieren die Mohnnudeln in einem tieferen Teller anrichten und das Kompott dazureichen.

Tipp: Für das Erdäpfelkompott verwendest du, wenn möglich, z.B. die fest kochende Erdäpfelsorte Linzer Delikatessen, da diese spezielle Sorte, sobald sie weich gekocht ist, den Geschmack des Kompottsaftes am besten aufsaugen kann.
Das Erdäpfelkompott schmeckt noch besser, wenn du es mindestens zwei Tage vor dem Verzehr vorbereitest und in einem Rexglas im Kühlschrank anziehen lässt.

Mohnwutzinudeln mit Schinken und Reh

Dieses Rezept ist etwas aufwendiger in der Zubereitung – es zahlt sich aber aus!

ZUTATEN FÜR 4 PORTIONEN:

400 g Rehrücken
Salz, Pfeffer aus der Mühle
2 EL Olivenöl zum Braten

Rehkitzjus:

500 g Knochen
5 EL Olivenöl zum Anbraten
200 g Putenschinken
80 g gelbe Rüben
80 g Karotten
1 kleiner Knollensellerie
2 Zwiebel
250 ml Rotwein zum Ablöschen
500 ml Wasser zum Aufgießen
5 Wacholderbeeren
2 Lorbeerblätter
1 EL Preiselbeermarmelade
1 TL frischer Thymian
Salz, Pfeffer aus der Mühle
2 Stk. Schokolade zum Abschmecken (mindestens 70% Kakaoanteil)

Mohnnudeln:

250 g mehlige Erdäpfel
70 g griffiges Vollkornmehl
1 EL Gries
1–2 EL Butter

Zum Durchschwenken:

100 g würfelig geschnittener Putenschinken
1 EL Butter
2 EL gehackte Zwiebel
6 EL gemahlenen (Waldviertler) Graumohn

Mehl zum Bestäuben
Salz

ZUBEREITUNG:

Für den Rehjus die Knochen in einem großen Topf mit Olivenöl goldbraun braten, gelbe Rübe, Karotte, Sellerie und Zwiebel schälen, Gemüse und Schinken in kleine Würfel schneiden, in den Topf geben und mit den Knochen weiter braten. Sobald das Wurzelwerk weich und der Schinken sehr knusprig ist, mit Rotwein ablöschen, mit Wasser aufgießen und aufkochen. Nun die Lorbeerblätter und Wacholderbeeren zufügen und den Jus mindestens auf ein Viertel reduzieren. Danach die Preiselbeermarmelade und den frischen Thymian zugeben, kurz durchkochen, alles gut durch ein Sieb passieren und mit Salz und Pfeffer sämig rühren und danach die Schokolade hinzufügen.
Für die Erdäpfelnudeln die Erdäpfel am Vortag weich kochen und über Nacht auskühlen lassen. Am nächsten Tag die Erdäpfel schälen, die Butter zerlassen, durch eine Erdäpfelpresse drücken, mit Gries, Butter und Vollkornmehl vermengen und rasch zu einem glatten Teig verarbeiten. Danach aus dem Teig fingerdicke Rollen formen und diese in 2 cm dicke Stücke schneiden. Die Nudeln auf der Arbeitsfläche in die typische Form wuzeln („Wutzinudeln").
In einem Topf Salzwasser zum Kochen bringen, die Nudeln so lange kochen, bis alle oben aufschwimmen und mit einem Schaumlöffel vorsichtig herausheben.
Die Rehfilets salzen, pfeffern und in einer Pfanne mit Olivenöl auf allen Seiten anbraten. Auf einen Teller legen und bei 180 °C im Backofen 6–7 Minuten fertig garen. Zum Schluss das Fleisch im 60 °C warmen Backrohr 10–15 Minuten rasten lassen.
Zum Fertigstellen des Gerichts den Zwiebel schälen und mit Schinken klein würfelig schneiden. Aus der Pfanne nehmen, 1 EL Butter zugeben und darin die Zwiebelwürfel glasig dünsten. Nun den Mohn zufügen, salzen, den Schinken wieder unterrühren. Am Schluss die Nudeln in dieser Mischung schwenken.
Zum Anrichten die Filets auf einen Teller geben und die Mohnnudeln mit Schinken dazufügen, mit etwas Jus untergießen.

Tipp: Bei der Verarbeitung von noch warmen Erdäpfeln kann es durch die Erdäpfelstärke leicht zu einer kleisterartigen Konsistenz kommen. Wir können dies verhindern, wenn wir die Erdäpfel bereits am Vortag kochen.

Fachschule für Land- und Ernährungswirtschaft Halbenrain – St. Martin

Die Fachschule ist eine Schule für`s Leben. Die Vielfalt, die hier geboten wird, ist kaum in einem anderen Schultyp zu finden, eine Starthilfe für das spätere Leben im Beruf und in der Familie.
Die Jugendlichen werden für soziale, touristische, kaufmännische und gärtnerisch-landwirtschaftliche Berufe vorbereitet. Eine umfassende Persönlichkeitsbildung und der Erwerb sozialer Kompetenzen durch die intensive Betreuung an der Schule und im Internat lässt die Absolventen/Innen zu gefragten Fachkräften werden. Insbesondere haben die Jugendlichen auch die Möglichkeit den ganzen Tag optimal versorgt zu werden. Durch das abwechslungsreiche Kochen gesunder, regionaler, saisonaler Lebensmittel ist eine optimale Nährstoffversorgung der Jugendlichen gewährleistet und die Grundlage für das Lernen sichergestellt.

8492 Halbenrain 1, Tel.: 03476/2069

ZUTATEN
FÜR 4 PORTIONEN:

150 g Magerkäse
150 g Putenschinken
150 g Topfen (Quark)
½ Becher Crème fraîche
1 Stk. Paprika, rot oder grün
½ KL Paprika edelsüß
½ EL Pizzagewürz
verschiedene frische Kräuter
4 Stk. Dinkelweckerl
(oder auch Grahamweckerl)

Pizzastangerl

ZUBEREITUNG:

Schinken, Käse und Paprika kleinwürfig schneiden.
Topfen, Crème fraîche und Gewürze beimengen.
Weckerl der Länge nach aufschneiden und aufs Blech legen.
Mit der Masse bestreichen.
Bei 200 °C im vorgeheizten Rohr (mittlere Schiene) ca. 10 Minuten backen.

An deinem Herd bist du genauso ein König wie jeder Monarch auf seinem Thron.

Miguel de Cervantes (1547–1616)
Schriftsteller, Abenteurer

Karotten-Muffins

ZUTATEN FÜR 20 STÜCK:

250 g Karotten
1 kleine unbehandelte Orange
½ Pkg. Backpulver
150 g Dinkelmehl
50 g Weizenvollkornmehl
150 g gemahlene, geröstete Mandeln
2 Eier
150 g brauner Zucker
100 ml Öl
2 cl Rum oder Rumaroma
1 Prise Salz
200 g Sauerrahm (saure Sahne)

ZUBEREITUNG:

Backrohr auf 180 °C vorheizen.
Mandeln frisch mahlen und trocken rösten.
Karotten fein reiben.
Orangenschalen abreiben, den Saft auspressen.
Saft und Schale mit den Karotten vermengen.
Mehl und Backpulver darübersieben und die Mandeln mit der Hand unterheben (nicht rühren).
Eier, Rum, Zucker, Öl und Sauerrahm mixen und unter die Karottenmischung rühren.
Den Teig auf etwa 20 Förmchen verteilen (nur zu ca. 2/3 befüllen).
20–25 Minuten (auf mittlerer Schiene) backen und die Muffins in der Form etwas abkühlen lassen.

Tipp: Wer Ingwer mag, kann noch 1 Teelöffel geriebenen Ingwer unter den Teig mengen.

Rosentörtchen mit zweierlei Schokostücken

Zutaten für 20 Stück:

200 g Buchweizenmehl
100 g Dinkelmehl
2 EL Kakaopulver
1 Pkg. Backpulver
1 Prise Salz
120 g Zucker oder Rohrzucker
100 g Feinbitterschokolade gehackt (mind. 70% Kakaoanteil)
60 g weiße Schokolade, gehackt
3 Eier
150 ml kaltgepresstes Öl (z.B. Rapsöl)
1 Pkg. Vanillezucker (echte Bourbon-Vanille oder Vanilleschote ausgekratzt)
ca. ¼ l Milch

Zubereitung:

Backofen auf 200 °C vorheizen. Muffinformen oder kleine Tortenförmchen verwenden.
Mehl, Kakaopulver, Backpulver, Salz und Schokostücke in einer Schüssel vermischen. In der Mitte eine Vertiefung machen.
Eier und Zucker schaumig schlagen. Öl schluckweise einrühren.
Die Milch darunter heben. Die Mischung in die Vertiefung gießen und alles verrühren.
Die Muffinformen etwa zu drei Viertel mit Teig füllen.
Bei mittlerer Schiene 20 Minuten backen.

Tipp: Du kannst die Törtchen statt mit Schokolade auch mit Kirschen backen. Saftig!

Unser Frühstück

Ich glaube, man könnte überzeugend darstellen, dass Veränderungen in der Ernährung wichtiger sind als Dynastie- oder sogar Religionswechsel. … Aber es ist eigenartig, wie selten die allumfassende Bedeutung des Essens erkannt wird. Überall sieht man Statuen von Politikern, Dichtern, Bischöfen, aber keine von Köchen, Speckpöklern oder Gemüsehändlern.

George Orwell (1903–1950)
Schriftsteller

Unser Frühstück – unser Leistungsträger

AUS EINEM TAG OHNE FRÜHSTÜCK WIRD NUR SELTEN EIN GUTER!

In Ländern, in denen kein Mangel an Nahrungsmitteln besteht – also z.B. in den meisten europäischen Staaten und in den USA, ist auch die Zahl der Kinder, die an Übergewicht leiden, dramatisch hoch. Ein falsches Muster der täglichen Kalorienaufnahme verursacht dieses Übergewicht, aber auch teilweise Fettleibigkeit, da wir die meiste Nahrung und somit die größte Energiemenge des Tages oft am Abend einnehmen. Wir sehen bei Kindern mit Übergewicht häufig ein Weglassen des Frühstückes, dafür aber ein riesengroßes Abendessen. In den Vereinigten Staaten ist die aktuelle „Frühstückskultur" – also das regelmäßige Einnehmen eines Frühstückes – im Vergleich zu den Zeiten von Präsident John F. Kennedy (um ca. 1960) dramatisch schlechter geworden.
Wir bekommen immer mehr Hinweise, dass das „Weglassen" des Frühstückes nicht nur mit Übergewicht, sondern auch mit chronischen Krankheiten und Heißhungerattacken verbunden ist. Frühstück bedeutet dabei eine Nahrungsaufnahme vor der ersten körperlichen, aber auch geistigen – schulischen Aktivität –, innerhalb von zwei Stunden nach dem Aufwachen. Die Energiezufuhr unseres Frühstücks sollte 1/4 bis 1/3 unserer gesamten

Tagesration sein. Obwohl wir verführt sind zu glauben, dass wir durch Energieeinsparungen beim Frühstück unser Gewicht besser kontrollieren können, zeigt sich bei über 400.000 Kindern und Jugendlichen zwischen 9 und 14 Jahren, dass Einsparungen beim Frühstück zu übermäßiger Kalorienaufnahme im Verlauf des Tages und damit zu einer Gewichtszunahme führen.

Was aber noch wichtiger ist:

Nehmen wir unser Frühstück ein, dann fühlen wir uns nicht nur besser, wir selbst beurteilen auch unsere eigene Leistungsfähigkeit (z.B. in der Schule bei Prüfungen) als wesentlich höher. Im Vergleich zu „Nichfrühstückern" verbessert sich das räumliche Denken, die Aufmerksamkeit und die Fähigkeit, akustischer Information zu folgen. Unser Gehirn benötigt dringend konstante Energiezufuhr, um den Anforderungen zu entsprechen. Es fällt uns viel leichter, den Erwartungshaltungen, die an uns gestellt werden, zu entsprechen.

Ein Weglassen der ersten Mahlzeit des Tages wirkt sich dramatisch negativ auf unsere Erfolge in Schule und Beruf aus: Problemstellungen werden schlechter gelöst, das Kurzzeitgedächtnis nimmt ab, die Aufmerksamkeit sinkt. Reichlich vorhandene Ablenkungsfaktoren bekommen eine Chance, unsere Leistungsfähigkeit zu stören. Schlechte Voraussetzungen für unser erfolgsbestimmtes Leben.

In Amerika vergisst eines von fünf Kindern auf die erste Mahlzeit, lässt sie absichtlich aus oder hat keine Zeit dafür. In Europa sieht es etwas besser aus, aber die Qualität des Frühstückes ist nicht gut. Wir müssen auch auf die richtige Zusammensetzung der ersten und bedeutendsten Mahlzeit am Tag achten:

Reich an Ballaststoffen (also Vollkornprodukten) und an Obst (als Vitamin-, Flüssigkeits- und Ballaststoffträger)! Nur damit können wir ein ausreichendes und wichtiges Sättigungsgefühl erreichen. So verhindern wir das Auftreten von chronischen Erkrankungen des Herz-Kreislauf-Systems, aber auch von Zuckerkrankheit (Diabetes)! Wir können uns vor vielen Problemen in unserem weiteren Leben schützen und länger gesund bleiben.

Wählen wir ein Frühstück mit langsam verwertbaren Zuckerstoffen – also mit einem niedrigen Glykämischen Index –, so sind Kalorienaufnahme und -verlangen im weiteren Verlauf des Tages geringer – also deutlich besser. Die Insulinwirkung (das ist die Wirkung des zuckerregulierenden Hormons) kann sich optimal entfalten. Wir reduzieren damit auch die Möglichkeit, im späteren Leben an Diabetes zu erkranken. Gleichzeitig sinken die schlechten Fettbestandteile in unserem Blut (Triglyceride und LDL-Cholesterin). Dies verhindert die „Verkalkung" der Gefäße im Körper.

Ein früchte- und ballaststoffreiches Frühstück unterdrückt aber zusätzlich auch das Verlangen nach ungesunden Snacks (mit ihrem hohen Fettanteil und schnell verwertbaren Zuckerstoffen) im Tagesverlauf. Wir erkennen, dass ein gutes und ausreichendes Frühstück unseren Appetit sehr positiv beeinflusst. Besonders interessant ist, dass Frühstück-Esser über ein viel besseres Ernährungsverhalten auch während des weiteren Tages verfügen.

Also: ein gesundes Frühstück ist der erste Schlüssel für eine gesunde und richtige Ernährung!

Glykämischer Index

Mit dem Glykämischen Index wird die Wirkung eines kohlenhydrathaltigen Lebensmittels auf den Blutzuckerspiegel bestimmt. Mitunter wird er auch als Glyx bezeichnet oder mit GI abgekürzt. Je höher der ermittelte Wert ist, desto schneller steigt der Blutzuckerspiegel an. Einige bekannte Diäten arbeiten mit dem Glykämischen Index, wie etwa die Montignac-Diät oder die Glyx-Diät.

Unser ideales Frühstück – unser wichtiger Begleiter durch den Tag

1. 20 – 35 % der gesamten Tageskalorienzufuhr
2. reich an Ballaststoffen (Vollkorn)
3. Obst als Vitamin- und gesunder Energiespender
4. Milchprodukte mit geringem Fettanteil

Leckeres Müsli mit Obst und Kokos

(NACH LUST UND LAUNE)

Zutaten:

Ca. 3 Esslöffel Haferflocken oder wahlweise Dinkel- bzw. Hirseflocken oder eine Fertigmischung (bitte ohne Zucker, das steht auf der Verpackung!)

Im Herbst, wenn uns oft vermehrt die Haare ausgehen (wie bei den Tieren, die sich den Winterpelz zulegen), kann man vor allem Hirseflocken zum Müsli geben, da sie den Haarwuchs fördern.

1 kleine Handvoll Nüsse (gemischte)

bzw. 1 – 2 Esslöffel gemischte Körner (z.B. Sonnenblumenkörner, Leinsamen)

Eine Umfrage an unserer Schule zeigte, was Kinder sonst noch gerne im Müsli essen:

1 kleine Handvoll geschnittenes Obst oder Trockenfrüchte (Rosinen, Zwetschken, Marillen, Heidelbeeren)

1 kleiner Becher Magermilch (Kuh, Schaf oder Ziege) oder Sojajoghurt, natur

Für den Geschmack: ein paar Kokosflocken

Zum Wärmen: eine Prise Zimt oder – wer mag – etwas Ingwer

Zubereitung:

Alle Zutaten werden zusammen in einen Teller gegeben.

Wer sein Müsli weicher mag, kann die Flocken bzw. die Müslimischung mit etwas kochendem Wasser übergießen oder mit Wasser auch aufkochen. Kurz ziehen lassen, die Trockenfrüchte entfalten dann ihren Geschmack.

Dieses Müsli gibt euch eine super Basis für den anstehenden Schultag!

Hinweis für alle Müslifans:

Die in den Geschäften üblichen Frühstückszerealien – insbesondere die Schoko-Knuspervarianten für Kinder – sind leider sehr stark gezuckert. Daher solltet ihr auf ungesüßte Müslis umsteigen und mit der natürlichen Süße von Früchten oder Honig zubereiten.

Hans Peter Fink

Gasthaus Haberl

Hans Peter Fink zählt zu den Meistern der regionalen und klassischen österreichischen Küche und versteht es auch, seine Gäste mit neuen Kreationen auf der Basis regionaler Spezialitäten zu verwöhnen. Nach lehrreichen Jahren an vorzüglichen Adressen (Arlberg-Hospiz, Brüder Obauer) war er mehrere Jahre Küchenchef im Hotel Sacher in Wien. Er errang zahlreiche Preise bei internationalen Kochwettbewerben (Sieg beim Cup of Nations in Kanada und Grand Prix Taittinger in Berlin, Auszeichnung „Koch des Jahres 2006").

Seit gut einem Jahr kocht der haubengekrönte Spitzenkoch gemeinsam mit seiner Frau Bettina und Diplom-Sommelier Mario Haberl im traditionsreichen Gasthaus Haberl in Walkersdorf bei Ilz. In dem verkehrsgünstig nahe der Autobahn auf der B66 zwischen Ilz und Riegersburg gelegenen Gasthaus treffen sich Einheimische, Geschäftsleute und Genussreisende, um in einem gemütlichen Ambiente beste steirische Gastlichkeit zu genießen.

Hans Peter Fink bietet seinen Gästen eine regionstypische, doch leichte und finessenreiche Küche. Selbstverständlich kommen auch die im Hause gefertigten Fink's Delikatessen immer wieder auf den Teller. Mittags werden schnelle und einfache Gerichte serviert, auf Wunsch wird Ihnen aber auch gerne der Tisch festlich gedeckt. Abends finden Sie einen klassisch weiß gedeckten Tisch vor und können Ihren Gaumen mit herrlich-delikaten Speisen verwöhnen lassen. Die Abendkarte umfasst auch ein spezielles 4- bis 5-gängiges Menü, mit dem Hans Peter Fink seine Kreativität und seinen feinsinnigen Umgang mit hochwertigen Zutaten auf köstliche Art unter Beweis stellt.

HABERL & FINK'S

Diplom-Sommelier Mario Haberl hat für jedes Gericht die passende Weinempfehlung und kennt beinahe jeden guten ach so kleinen Weinbauern in der Region.

Fink-Haberl KG, Walkersdorf 23, 8262 Ilz, Tel.: 03385/260

ZUTATEN

FÜR 4 PORTIONEN:

500 g Wassermelone
(süß und aromatisch), ohne Kerne
Saft von 1/2 Limette
frische Minze- und
Zitronenmelissenblätter
300 g geräucherter Schafskäse
evtl. Chilischote (ohne Kerne),
ganz fein geschnitten
Fleur de sel (oder Meersalz)
Pfeffer aus der Mühle
Olivenöl
Kalamata-Oliven und knusprig
gebratene Brotchips zum Garnieren,
nach Belieben

Gebratene Wassermelone mit Räucherschafskäse

ZUBEREITUNG:

Die Wassermelone in 12 gleichmäßige längliche Stangerln (ca. 12 x 2 x 2 cm groß) schneiden. Melonenstangerln vor dem Anbraten mit Küchenkrepp abtupfen. In einer beschichteten Pfanne etwas Olivenöl erhitzen, Melonen darin scharf anbraten und je 3 Stangen auf vorgewärmte Teller geben. Räucherkäse dünn hobeln und über die Melonen streuen. Mit Kräuterblättern bestreuen, mit etwas Olivenöl und Limettensaft beträufeln und mit Fleur de sel, Chilistreifen und Pfeffer würzen.
Mit Oliven und knusprig gebratenen Brotchips garnieren.

Tipp: Diese etwas ausgefallene Melonenkreation harmoniert, wenn du es einmal nicht ganz so vegetarisch bevorzugst, auch hervorragend mit gebratenen Riesengarnelen oder mageren Rohschinken!

Mit Huhn gefüllte Paprika

ZUTATEN
FÜR 4 PORTIONEN:

4 rote Paprikaschoten
300 g Erdäpfel (Kartoffeln)
4 kleine Schalotten, geschält und gehackt
300 g Hühnerbrust
3 EL Bergkäse, gerieben
100 g Sauerrahm (saure Sahne)
1 Ei
1 KL frischer Majoran, fein geschnitten
2 EL Petersilie, gehackt
1 EL Kapernblüten, fein gehackt
etwas Tabascosauce
6 Paradeiser (Tomaten), vollreif
2 EL Rohrzucker
2 frische Lorbeerblätter
5 EL Olivenöl (oder auch Rapsöl) zum Andünsten
2 EL Pflanzenöl zum Bestreichen
Salz
Pfeffer aus der Mühle
Zucker
Kümmel (ganz)
Muskatnuss, gemahlen

ZUBEREITUNG:

Die Paprikaschoten waschen, den Deckel ausschneiden und Kerne sowie weiße Häute entfernen. Vom Deckel den Kernansatz abschneiden und rund fasonieren. Erdäpfel in 4 mm große Würfelchen schneiden und mit den gehackten Schalotten in Olivenöl andünsten. Mit Salz, Pfeffer, Kümmel sowie Muskatnuss würzen und ca. 300 ml Wasser zugießen. Etwa 10 Minuten dünsten.
Sobald das Wasser verdunstet ist, das kleinwürfelig geschnittene Huhn zugeben. Gut durchmischen. Sauerrahm, Majoran, Petersilie, Kapernblüten, Ei und Bergkäse unterrühren und mit Pfeffer und Salz abschmecken (es sollte eine zähe Masse entstehen). Masse in die Paprika füllen, gut andrücken und die Deckel aufsetzen.
Die gefüllten Paprika in eine feuerfeste Form geben.
Paradeiser mit Zucker, Lorbeerblättern, Salz und einem Spritzer Tabascosauce zerstampfen und in die Form geben.
Im vorgeheizten Backrohr bei 180 °C Umluft ca. 40–50 Minuten garen.
Währenddessen die Sauce wiederholt umrühren. Sobald die Schoten schön weich sind, herausnehmen und in tiefe vorgewärmte Teller setzen.
Die Sauce fein passieren und eventuell noch etwas einkochen lassen.
Abschmecken und über die gefüllten Paprika gießen.
Als Beilage kannst du grünen Blattsalat reichen.

Tipp: Dieses Gericht kannst du selbstverständlich auch mit grünen Paprikaschoten zubereiten.

ZUTATEN

FÜR 4 PORTIONEN:

2 Hühner á 1000 bis 1200 g
4 Stk. Hühnerleber (nach Geschmack und Vorliebe)
Salz
200 g Vollkornmehl
300 g Vollkornbrösel
100 g Kürbiskerne
5 Eier verquirlt
Rapsöl zum Ausbacken
1 Bund Petersilie

Beilage:

Petersil-Erdäpfel (Kartoffeln)
Vogerlsalat (Feldsalat) mit Kürbiskernöl und einem Hauch Knoblauch

Steirer Backhenderl

ZUBEREITUNG:

Zuerst wird das Henderl ausgelöst, bei den Haxerln entfernst du die Knochen. Bei der Brust die Knochen entfernen, beim Flügerl bleibt der Knochen dran. Danach wird die Haut vom Henderl entfernt.
Das Henderl salzen und panieren.
Bei ca. 160 °C schwimmend ca. 20–30 Minuten backen lassen, mehrmals wenden. Nach ca. 15 Minuten die gesalzene und mit Kürbiskernen panierte Leber hinzufügen. Nach dem Backen Henderl gut abtropfen (Küchenpapier). Als Garnitur kannst du die Petersilie fritieren.

Tipp: Das Hühnerfleisch muss sehr stark gesalzen werden, um danach einen guten Geschmack zu bekommen. Die Brösel zum Panieren werden immer doppelt gesiebt, da diese dann sehr fein und besonders blodrig „wellig auflaufen"! Die Leber wird mit Kürbiskernen gemischt und mit Bröseln paniert. Wenn ein Steirer beim Backhenderlessen nicht bis zu den Ohren verschmiert ist, hat es ihm nicht richtig geschmeckt! Will heißen, dass dort das Backhenderl nur mit den Fingern genossen wird!!

Marianne Flucher

Wir haben es geschafft, eine Speisekarte zu kreieren, die für jeden „Gusto“ etwas bietet. Neben dem knusprigen Backhendl, dem Erdäpfelstrudel und dem Riegersburger Rostbraten, vielen knackigen Salaten und dem hausgemachten Eis kredenzt unser Küchenteam unter anderem auch Köstlichkeiten für Vegetarier, Wellnessgerichte für Gesundheitsbewusste, Fischspezialiäten, steirische Schmankerl und regionale Produkte aus der Region.

Riegersburgerhof Pfeifer GmbH, Riegersburg 29, 8333 Riegersburg, Tel.: 03153/8216

Topfentraum mit Früchten

ZUTATEN

FÜR 4 PORTIONEN:

250 g Magertopfen (Magerquark)
125 g Sauerrahm (saure Sahne)
7 EL Honig
250 ml Schlagobers (Schlagsahne)
(18% Fett)
1 Packung Sahnesteif
Erbeeren oder Beeren der Saison
Zucker nach Geschmack (1–2 EL)

ZUBEREITUNG:

Schlagobers mit dem Sahnesteif steif schlagen.
In einer anderen Schüssel die restlichen Zutaten gut verrühren, anschließend das Schlagobers unterheben.
Die Creme für mindestens 2 Stunden in den Kühlschrank stellen.
Beeren mit Topfencreme anrichten

Tipp: Beeren können auch püriert werden.

Gemüselasagne

ZUTATEN FÜR 4 – 5 PORTIONEN:

4–6 Scheiben Vollkorn-toast oder Volkornbrot
ca. 150 g Pizzakäse (mager)

Palatschinkenteig (Frittatenteig):

¼ l Milch
ca. 150 g Vollkorn- oder Dinkelmehl
2 Eier
Salz
Planzenöl zum Backen

Spinatfülle:

1 EL Butter
ca. ¼ l Milch
2 EL Dinkelmehl
2 Knoblauchzehen (fein gehackt)
600 g passierter Spinat (tiefgekühlt)
Salz
Pfeffer
Kümmel, gemahlen

Gemüsefülle:

1 EL Olivenöl
ca. 200 g Gemüse (Karotten, Sellerie, Lauch, Zwiebel)
2 EL Vollkorn-Mehl
ca. ¼ l Suppe (oder Wasser oder Milch)
Salz
Pfeffer
Kümmel
Petersilie
Schnittlauch

Bechamel:

1 EL Pflanzenöl
2 EL Vollkornmehl
¼ l Milch
Salz
Pfeffer
Kümmel, gemahlen

ZUBEREITUNG:

Palatschinken (Pfannkuchen)

Milch, Mehl und Eier zu einem Teig vermischen, salzen und in Pflanzenöl backen. Du solltest für vier Lagen Palatschinken vorsehen.

Spinatfülle

In einer Pfanne Pflanzenöl erwärmen, Knoblauch dazugeben, dann das Mehl mit Milch aufgießen, gut verrühren, würzen, den Spinat dazugeben und kurz aufkochen lassen.

Gemüsefülle

Öl erwärmen, feinblättrig oder kleinwürfeliges Gemüse dazugeben, mit Mehl bestauben, mit Flüssigkeit aufgießen, würzen und weich dünsten.

Bechamel

Pflanzenöl erwärmen, Mehl dazugeben, mit Milch aufgießen, würzen, gut verrühren und aufkochen lassen.

Auflaufform oder tiefes Backblech mit Butter befetten, 1 Lage Palatschinken, Spinatfülle, 1 Lage Palatschinken, Gemüsefülle, 1 Lage Vollkorntoast/-brot, Spinatfülle, 1 Lage Palatschinken, Gemüsefülle, 1 Lage Palatschinken, Bechamelsauce. Darauf den Pizzakäse streuen, im vorgeheizten Rohr bei 180 °C 30 – 40 Minuten backen, dann im ausgeschalteten Rohr 5 Minuten nachziehen lassen.

Tipp: Sollte Gemüsefülle übrig bleiben, kannst du diese ohne Mehl mit fettarmem Schlagobers (Schlagsahne) zu einer Soße verarbeiten, die ausgezeichnet zu Spaghetti passt.

unverdauliche Speisereste
eingedickt

Kürbismuffin

ZUTATEN FÜR 24 STÜCK:

300 g Kürbisfleisch (Butterkürbis)
3 EL geriebene Nüsse
300 g Vollkorn-Mehl
250 g Rohrzucker
3 Eier
150 ml Öl (Rapsöl oder Mohnöl)
100 ml Wasser
2 TL Backpulver
1 Prise Salz

ZUBEREITUNG:

Kürbis schälen, raffeln und in eine Schüssel geben.
Nüsse, Mehl plus Backpulver und Zucker dazugeben und verrühren.
Eier und Öl dazu.
Wasser und Salz.
Formen auflegen und Masse hinein.
Backen (ca. 175 °C, 30 min)

Tipp: Kann man auch als Torte anrichten. Ist vor allem für Geburtstagsfeieren oder Klassenfeste geeignet.

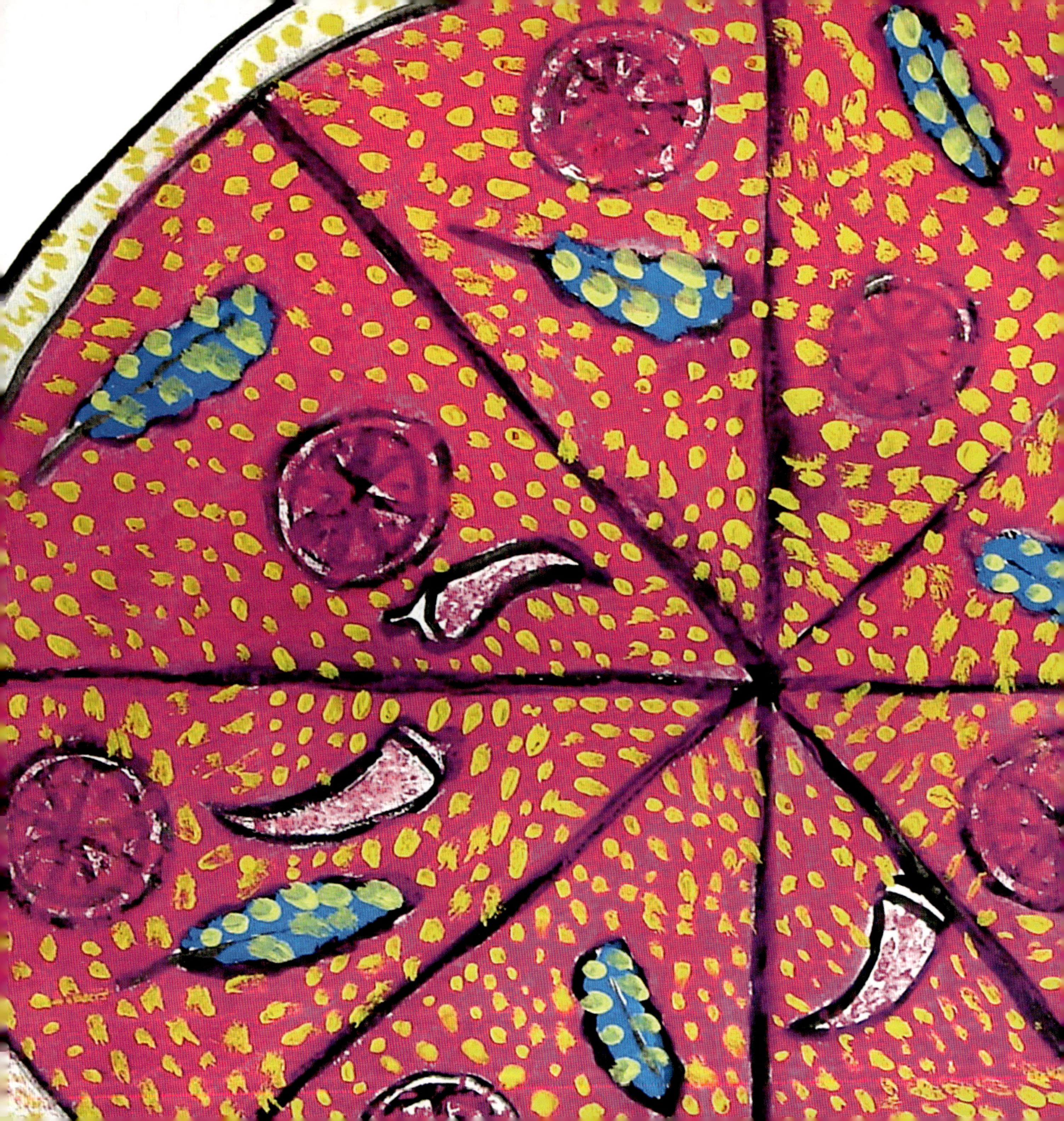

Vorbild Amerika?

Kontrolliert euren Appetit,
Ihr Lieben, und Ihr habt die menschliche Natur erobert.
Charles Dickens (1812–1870)
Schriftsteller

Amerika – unser Idol und Vorbild?

Leider können die Vereinigten Staaten in Bezug auf sinnvolles Essen gerade bei Kindern und Jugendlichen nicht unser Vorbild sein. In Amerika ist jeder dritte Erwachsene zu dick – aber auch jedes fünfte Kind leidet unter Fettleibigkeit! Von drei Jugendlichen sind zwei übergewichtig, eine Zahl, die ständig zunimmt.

Der Film „Super size me" ist ein Dokumentarfilm und beschäftigt sich mit den Folgen einer einseitigen „amerikanischen Ernährung". Er zeigt uns, wie übermäßige „Fastfood"-Kost, kombiniert mit wenig oder gar keiner sinnvollen Bewegung, nicht nur zu Gewichtszunahme, sondern zu massiven psychischen Problemen führen kann. Auch wenn der Film teilweise sicher überzeichnet, so zeigt er ganz deutlich, dass zu viele Kalorien verbunden mit wenig Bewegung entsetzliche Folgen haben.

Wir müssen dringend dagegen ankämpfen!

Obwohl regelmäßig Diätrichtlinien für Amerikaner („Dietary guidelines for Americans“) veröffentlicht werden, scheint diese Maßnahme nicht wirklich zu greifen. Die Vereinigten Staaten stellen das Negativbeispiel in Bezug auf Ernährung dar. Offensichtlich reicht unser Wissen über richtige Ernährung alleine nicht aus. Sie muss auch gelebt werden – und das täglich.

Ein wesentlicher Punkt beim nicht nur amerikanischen Problem ist, dass Nahrungsmittel in schlechter Qualität (hoher Zuckeranteil, hoher Anteil schlechter Fette – tierische Fette mit vielen gesättigten Fettsäuren, wenig Ballaststoffe, reichlich Geschmacksverstärker usw.) immer und billig zur Verfügung stehen. Gesunde und „kluge“ Nahrungsmittel werden hingegen spärlich angeboten, und sie sind unverhältnismäßig teuer. Diese Tatsache widerspricht dem Grundsatz: „Make the healthy choice the easy choice!“ Gesunde Nahrung muss immer nahe und leicht erreichbar für uns sein!

Warum ist „Junkfood“ schlecht?

- Der hohe Anteil an Zucker bewirkt im Körper, dass ein Enzym – genannt Insulin – sehr rasch im Blut ansteigt und den Zucker rasch wieder abbaut. So wirst du nach kurzer Zeit wieder hungrig und der Körper verlangt sehr bald wieder nach Zucker.

- Tierische Fette und schlechte pflanzliche Öle (Maiskeimöl und Sonnenblumenöl) können deine Blutgefäße verstopfen.

- Wenn du wenig Ballaststoffe zu dir nimmst, bleiben schädliche Stoffe zu lange in deinem Körper und können dir schaden.

- Geschmacksverstärker, die reichlich in „Junkfood“ enthalten sind, können dein Immunsystem schwächen, und du wirst leichter krank. Sie können aber auch Allergien in deinem Körper auslösen.

Ab und zu ist Junkfood ok. Aber: Hände weg von zu viel davon.

Wir sollten alles daransetzen, dass Junkfood nicht immer und allseits besonders billig in unseren Lebensmittelgeschäften angeboten wird, sondern auch gesunde Nahrung zu vernünftigen Preisen und leicht erhältlich zu unserer Verfügung steht.

Ein weiteres Problem der größten Wirtschaftsmacht der Welt besteht in der gelebten Esskultur. Immer und überall wird gegessen und getrunken – dabei vor allem Softdrinks, die – außer bei Lightgetränken – immer durch höchsten Zuckeranteil gekennzeichnet sind.

Wahrscheinlich hat die aggressiv werbende Nahrungsmittelindustrie sogar Einfluss auf die Sportveranstaltungen: Bei passivem Sportgenuss wird den Zusehern die zügellose Kalorienaufnahme durch zahl- und fast endlose Pausen zwischen den Spieldritteln oder sogar -vierteln sehr leicht gemacht. Statt Bewegung erfolgt ein direkter Einbau der aufgenommenen Energie in die stattlichen Fettpolster.

Offensichtlich besteht ein Teil des sprichwörtlichen amerikanischen Freiheitsgedankens in unkontrollierter und unkontrollierbarer Kalorienaufnahme.

Meiden wir Softdrinks!!! Sie enthalten viel zu viele sinnlose Kalorien durch übermäßigen Zuckergehalt. Sie machen süchtig und krank!

Dabei warnen die selbst erstellten Diätrichtlinien die Amerikaner vor ernährungsbedingten Krankheiten – sie warnen richtigerweise vor den großen Gefahren einer falschen Ernährung. Als Ziele, die wir durch eine „kluge" Ernährung erreichen können, werden ein gesünderes Leben und die Vermeidung von chronischen Krankheiten gesehen. „Kluge" Ernährung ist entscheidend für die Gesundheit von uns allen, aber essentiell für das Heranwachsen und die Entwicklung von Kindern und Jugendlichen.

Die Ziele des Amerikanischen Ernährungskomitees sind hoch gegriffen, aber nicht unerreichbar:
„Die Gefahren allseits verfügbarer hochenergetischer Nahrungsmittel sind groß. Wir müssen auf eine ausgewogene Ernährung im Rahmen unseres Energiebedarfs achten. So können wir ein längeres, gesünderes und aktiveres Leben führen."

Nicht nur das amerikanische Ideal – so wird es nicht immer gelebt – so soll es aber sein!

1. Hochwertige und frische Nahrungsmittel.
2. Erhalt eines „gesunden" individuellen Körpergewichtes durch eine ausgeglichene Kalorienzufuhr in Abstimmung mit dem eigenen Kalorienverbrauch.
3. Regelmäßige und ausreichende Bewegung.
4. „Kluge" Ernährung, um ernährungsbedingte chronische Krankheiten zu verhindern.

Die Liste der durch richtige Ernährung vermeidbaren Krankheiten ist fast endlos:

Wir können uns damit schützen vor

- Herz-Kreislauf-Erkrankungen,
- Bluthochdruck,
- Erhöhung von Blutfetten,
- Typ-2-Zuckerkrankheit (Diabetes),
- Übergewicht,
- Fettleibigkeit,
- Knochenschwund,
- Verstopfung,
- einigen Krebskrankheiten,
- Allergien,
- Magen- und Darmerkrankungen.

Julius Meinl
AM GRABEN
So bunt
schmeckt die
Vielfalt.
Spaghettini
www.meinlamgraben.at
Julius Meinl am Graben
Graben 19 • 1010 Wien
Mo - Fr 8.00 - 19.30
Sa 9.00 - 18.00

In Vanille gebratene Früchte mit Zitronensorbet oder Vanilleeis

ZUTATEN

FÜR 6 PORTIONEN:

100 g Mango
100 g Bananen
100 g Melone
100 g Ananas
2 Feigen
1 Birne
(Alle Früchte ganz frisch, geschält und in ähnlich große Stücke geschnitten)
1 Vanilleschote (Bourbon-Vanille)
3 EL Mandelöl
Zitronensorbet oder Vanilleeis

ZUBEREITUNG:

Früchte schälen.
Das Mark der Vanilleschote ausschaben und über die Früchte geben.
Die in gleich große Stücke geschnittenen Früchte in einer beschichteten Pfanne mit Mandelöl bei großer Hitze kurz anbraten.
Auf einem Teller anrichten und mit Zitronensorbet (Vanilleeis) vollenden.

Tipp: Zur Dekoration kannst du Erdbeeren hinzugeben.

Eine gute Küche ist das Fundament allen Glücks.

Auguste Escoffier (1846–1935)
Meisterkoch

Marinierter Seesaibling auf eingelegtem Kürbis

ZUTATEN
FÜR 6 PORTIONEN:

Zutaten Saibling:

700 g Saiblingsfilet
100 g Olivenöl extra vergine
1 Bio-Zitrone
Salz
Pfeffer

Eingelegter Kürbis:

500 g Kürbis
3 EL Olivenöl extra vergine
Saft von 2 Orangen
½ Liter Hühnersuppe
3 Schalotten
4 cl Weißweinessig
100 g Ingwer
1 Erdapfel (Kartoffel)
Salz
Pfeffer
Cayenne-Pfeffer
(Eingelegten Kürbis gibt es auch bereits fertig zu kaufen. Viel besser schmeckt er aber selbst erzeugt!)

ZUBEREITUNG:

Kürbis:

Kürbis in Würfel schneiden und mit den geschnittenen Schalotten in Ölivenöl leicht anschwitzen. Mit Essig und Orangensaft ablöschen, Ingwer in Scheiben geschnitten dazugeben, mit der Hühnersuppe aufgießen und ca. 10 Minuten dünsten.
Kurz bevor der Kürbis weich ist, den Erdapfel zur Bindung fein reiben und dazugeben.
Mit Salz, Pfeffer und Cayenne (nur ein bisschen) abschmecken.
Anrichten.

Saibling:

Vom Saibling die Gräten zupfen und den Fisch zurechtschneiden.
Saibling mit Salz, Pfeffer und Zitrone 10 Minuten marinieren und mit Olivenöl extra vergine bestreichen.
Die Filets im Backrohr auf der Hautseite bei 160 °C Oberhitze ca. 5 Minuten (größenabhängig) garen.
Den Saibling aus dem Backrohr nehmen, Haut abziehen und auf dem Kürbis anrichten, mit Kräutern garnieren und anrichten.

Hanner

RESTAURANT HOTEL MEETINGPOINT

LES GRANDES TABLES DU MONDE 2009 TRADITIONS & QUALITÉ

RELAIS & CHATEAUX.

Im Einklang mit der Natur und im Streben nach vollendeter Gastlichkeit im Herzen des Wienerwaldes präsentiert sich HANNER in drei genussvollen und sinnlichen Facetten: Restaurant, Hotel und Meetingpoint.

Exzellentes Essen, modernes Tagen und außergewöhnliches Wohnen.

Harmonie wohin das Auge blickt. Kunst im Haus wie im Garten. Das streng geometrische Becken mit den kostbaren Kois vor der Terrasse. Im Garten, zwischen Kunstobjekten und blühender Wiese, der anmutig gestaltete Schwimmteich.

Ein Ambiente zum Verweilen und zum Verlieben. Exzellentes Essen, modernes Tagen und außergewöhnliches Wohnen in Vollendung genießen.

Weitere Informationen finden Sie auf unserer Homepage unter www.hanner.cc

RELAIS & CHATEAUX HANNER A-2534 MAYERLING 1 T +43 2258-2378 WWW.HANNER.CC HANNER@HANNER.CC

Variante zum Brandteig (siehe nachfolgende Seite)
(von Anna Müller & Olga Walser)

ZUTATEN

FÜR 4 PORTIONEN:

1/8 l Wasser (oder Milch)
Salz
30 g Butter
80 g Vollkornmehl
(20 g Honig)
2 Eier

ZUBEREITUNG:

Wasser, Salz, Butter, (Honig) lässt man aufkochen, schüttet das Vollkornmehl hinein und rührt den Teig, bis er glatt ist und sich vom Gefäß löst.
Das im Brandteig eingeschlossene Wasser verdampft beim Backen und lockert den Teig.
Ist die Masse etwas überkühlt, rührt man die versprudelten Eier kleinweise ein, wobei der Teig dazwischen immer glattgerührt werden muss.
Vor Verwendung des Teiges lässt man ihn eine ½ Stunde rasten.

Tipp: Brandteig kann in Salzwasser gekocht, in heißem Fett oder im Rohr gebacken werden.
Backblech leicht befetten und mit Wasser bespritzen!
Brandteig in die sehr heiße Röhre schieben, anfangs das Rohr (ca. 10 Minuten) nicht öffnen, bei Mittelhitze durchbacken.
Da Brandteig leicht zusammenfällt, lässt man das Gebäck im Rohr abkühlen.

Brandteig mit Kräuter-Topfenfülle

ZUTATEN FÜR 4 PORTIONEN:

12 g Butter
25 g Vollkornmehl (Dinkelmehl)
1 Ei
2 EL Crème fraîche
150 g Topfen (Quark)
1 Zweig Petersilie
4 Halme Schnittlauch
1 Zweig Basilikum
1 Zweig Estragon oder je nach Saison auch Kresse, Bärlauch oder Minze
Zitronensaft
Salz
Pfeffer

ZUBEREITUNG:

Für den Brandteig 50 ml Wasser mit Butter und Salz aufkochen, dann das Mehl einrühren und abbrennen.
Leicht abkühlen lassen und das Ei einrühren. Auf Backtrennpapier kleine Rosen spritzen und im Ofen bei 180 °C 15 Minuten backen.
Für die Kräuterfülle Topfen (Quark) und Crème fraîche mit den fein gehackten Kräutern vermischen, mit Salz, Pfeffer und einigen Tropfen Zitronensaft abschmecken. Anschließend in den aufgeschnittenen Brandteig füllen.

Beef Tatar

ZUTATEN

FÜR 4 PORTIONEN:

120 g fein zugeputztes Rinderfilet (ohne Sehnen)
½ EL feinste Schalottenwürfel (kurz blanchiert)
½ EL feinwürfelig geschnittene Cornichons (kleine Essiggurkerln)
1 Sardellenfilet
4 klein gehackte Kapern
1 Spritzer Tabasco
1–2 Tropfen Worchestersauce
2 g Dijonsenf
1 EL Ketchup (wenn möglich ohne Zucker)
1 EL fein gehackte Petersilie
1 Eidotter
2 Scheiben Vollkorntoast (ohne Rinde)
etwas Olivenöl

ZUBEREITUNG:

Das Rinderfilet soll vom Metzger deines Vertrauens und von absolut bester Qualität sein. Das Filet in feine Würfel schneiden und danach fein hacken. Mit den anderen Zutraten sorgfältig vermischen und gut abschmecken. Zur Bindung ein rohes Eigelb einrühren und kühl stellen. Das Beef Tatar auf den Vollkorntoast streichen, eine zweite Scheibe darauf geben.
Du kannst die Würzung gerne nach deinen Wünschen verändern – wie hier beschrieben schmeckt sie aber besonders gut.
In vier gleichmäßige Würfel von 2 x 2 cm Größe schneiden und in Olivenöl von beiden Seiten kurz anbraten.

Unser Körpergewicht

Nicht einmal der Geist kann richtig arbeiten,
wenn wir von Speis und Trunk vollgestopft sind.

Marus Tullius Cicero (106 – 43 v.Chr.)
Schriftsteller, Philosoph, Politiker, Anwalt

Die Rolle unseres individuellen Körpergewichtes

Das individuell „richtige und gesunde“ Körpergewicht zu ermitteln, ist nicht einfach. Es hängt von den unterschiedlichsten Faktoren ab. Eine weit verbreitete Möglichkeit, das eigene Körpergewicht einzuordnen, ist der Body-Mass-Index (BMI).

„Der BMI oder Körpermasseindex (KMI) ist eine Maßzahl für die Bewertung des Körpergewichts eines Menschen. Sie wurde von Adolphe Quételet (1796–1874) entwickelt. Da Übergewicht ein weltweit zunehmendes Problem darstellt, wird der BMI vor allem dazu verwendet, auf eine diesbezügliche Gefährdung hinzuweisen.
Der BMI gibt lediglich einen groben Richtwert an und ist umstritten, da er die Statur eines Menschen und die individuell verschiedene Zusammensetzung des Körpergewichts aus Fett- und Muskelgewebe naturgemäß nicht berücksichtigt.“ *Definition nach Wikipedia*

Die Maßzahl des BMI ist daher nur eine grobe Orientierungshilfe und wir dürfen sie keinesfalls als zwingenden Richtwert ansehen. Sportler haben aufgrund ihrer hohen Muskelmasse immer einen höheren Wert, ohne dabei „zu viel Körperfett" mit sich zu tragen. Betreibt jemand wenig Bewegung und hat kaum Muskeln, liegt der Wert oft zu tief und täuscht einen guten und gesunden Wert vor. Zur genaueren Bestimmung der Körperzusammensetzung (z.B. Fettgehalt/Muskulatur) sind aufwändigere Methoden wie beispielsweise Bioimpedanz-Techniken verfügbar.

Dennoch ist der BMI ein leicht bestimmbarer Richtwert, wie du dein Gewicht in Bezug auf deine Größe einschätzen kannst.

Deinen eigenen BMI kannst du so errechnen:

Eigener Body-Mass-Index =

dein Körpergewicht dividiert durch das Quadrat deiner Körpergröße in Metern

BMI = kg/m^2

Wenn ein Mädchen 1,68 Meter groß ist und 54 Kilogramm wiegt,

beträgt ihr Body-Mass-Index demnach $54 : 1{,}68^2 = 19{,}1$.

Body-Mass-Tabelle für Kinder verschiedener Altersklassen

IN KLAMMERN IST DER TOLERANZBEREICH ANGEGEBEN.

	Buben	Mädchen
Lebensmonat		
0	12,7 (11,8–13,5)	12,6 (11,8–13,4)
6	16,8 (15,8–17,7)	16,2 (15,3–17,1)
12	16,7 (15,9–17,8)	16,4 (15,5–17,3)
Lebensjahr		
1	16,8 (15,9–17,8)	16,4 (15,5–17,3)
2	16,1 (15,3–17,0)	15,9 (15,1–16,9)
3	15,6 (14,8–16,6)	15,5 (14,6–16,6)
4	15,5 (14,6–16,5)	15,3 (14,4–16,4)
5	15,4 (14,5–16,5)	15,3 (14,4–16,5)
6	15,5 (14,5–16,6)	15,4 (14,4–16,6)
7	15,7 (14,6–16,9)	15,6 (14,5–17,0)
8	16,0 (14,9–17,4)	16,0 (14,8–17,5)
9	16,4 (15,2–18,0)	16,5 (15,2–18,1)
10	16,9 (15,6–18,6)	16,9 (15,5–18,7)
11	17,4 (16,0–19,2)	17,5 (16,0–19,4)
12	18,0 (16,5–19,9)	18,2 (16,6–20,2)
13	18,6 (17,1–20,6)	18,9 (17,3–21,0)
14	19,3 (17,7–21,3)	19,6 (18,0–21,7)
15	19,9 (18,3–22,0)	20,2 (18,5–22,3)
16	20,5 (18,8–22,6)	20,6 (19,0–22,7)
17	21,0 (19,4–23,1)	21,0 (19,3–23,0)
18	21,6 (19,9–23,6)	21,3 (19,6–23,2)

Eine berühmte medizinische Zeitschrift bringt es auf den Punkt:
Durch eine Veränderung des Lebensstils, welche mit einer Gewichtsreduktion, regelmäßiger körperlicher Aktivität und einer gesunden Ernährung einhergeht, kann das Risiko, an Diabetes zu erkranken, um fast zwei Drittel gesenkt werden.

Viele Menschen glauben, dass erhöhtes Körpergewicht im Kindes- und Jugendalter nicht so schlimm sei. Mittlerweile wissen wir aber, dass bei jugendlichem Übergewicht oft ein ganzes Leben mit diesem Risikofaktor verbracht wird. Leider treten dann auch die sogenannten Zivilisationskrankheiten häufiger auf, wie Blutzuckerkrankheit, Gefäßverkalkung, Haltungsprobleme und so weiter.
Die Gefahr ist groß: Trotz des heute breiten Angebots an gesunden Lebensmitteln ist eine ausgewogene Ernährungsweise keine Selbstverständlichkeit. Wir essen oft zu viel, zu fett- und zuckerreich. Außerdem bevorzugen wir sehr häufig Weißmehlprodukte, Fastfood, Fertiggerichte, Süßwaren, industriell hergestellte Produkte aller Art und essen uns mitten im Nahrungsmittelüberschuss krank.
Kümmern wir uns aber schon früh um ein harmonisches Körpergewicht, leben wir viel gesünder!
Vor einigen Jahren gab es die Hoffnung, dass ein Hormon, genannt Leptin, bei übergewichtigen Menschen helfen könnte, dass diese leichter abnehmen. Dieses Hormon wird hauptsächlich von Fettzellen des Körpers gebildet und stillt – bei ausreichendem Fettanteil des Körpers als Kontrollmechanismus – im Gehirn unser Hungergefühl. Ärzte hatten daher große Erwartungen, dass mit Leptin eine Behandlungsmöglichkeit des Übergewichtes existiert. Leider stellte sich heraus, dass übergewichtige Menschen üblicherweise schon hohe Blutspiegel von Leptin haben und eine sogenannte Leptinresistenz (also eine gewisse Unwirksamkeit) vorliegt. So hat sich die Hoffnung auf eine uns bald zur Verfügung stehende Therapie nicht bewahrheitet.

Wie kann ich mein Körpergewicht optimal gestalten und selbst unter Kontrolle halten?

Die Antwort ist einfach, und es sind im Grunde zwei Faktoren ganz entscheidend:

1. richtige und kluge Ernährung,
2. ausreichende Bewegung.

Es liegt also an uns selbst! Haben wir das richtige Gleichgewicht dieser zwei Faktoren gefunden, ist eine gesunde Körpergewicht-Fettbalance kein schwieriges Ziel.

☆☆☆☆ Superior
DAS SEEKARHAUS
Den Sternen ganz nahe
Unser familiengeführtes 4-Sterne Superior Hotel mitten im Skigebiet von Obertauern, bietet ein deutliches „Mehr“ an Service und Dienstleistung.
Lassen Sie sich von unserem Küchenteam mit sorgfältig komponierten Menüs verwöhnen. Küchenchef Uwe Koch zaubert für Sie hausgemachte Köstlichkeiten und Schmankerln mit Zutaten aus der Region. Ihr Feinschmecker-Gaumen wird begeistert sein!
Unsere Küche wurde jährlich mit einer „Haube“ und einer „Gabel“ durch die Gourmetführer Gault Millau und Fallstaff ausgezeichnet.
Qualtität hat einen Namen - Hotel Das Seekarhaus!
www.seekarhaus.at
Hotel Das Seekarhaus****S • 5562 Obertauern 35 • Tel.+43/6456/200 • info@seekarhaus.at

ZUTATEN

FÜR 4 PORTIONEN:

150 g Vollkorn-Haferflocken
½ Liter Milch kalt
500 g Magerjoghurt
100 g Bienenhonig
50 g Haselnüsse ganz
50 g Mandelstifte grob
30 g Rosinen
3 Stück Bio-Äpfel

Bircher-Müsli

ZUBEREITUNG:

Haferflocken in Milch ca. 1 Stunde einweichen
Äpfel mit Schale grob verreiben
Alles miteinander gut verrühren. Je nach Geschmack abschmecken.
Es sollte eine dickflüssige Konsistenz haben.

Vollkorn-Kaiserschmarren

ZUTATEN
FÜR 6–8 PORTIONEN:

500 g Milch
10 Stk. Dotter
300 g Vollkornmehl
etwas Vanille (Bourbon-Vanille)
10 Stk. Eiweiß
75 g (Rohr-)Zucker
etwas Butter zum Backen
eventuell Rosinen
etwas Staubzucker zum Bestreuen

ZUBEREITUNG:

Milch, Dotter und Mehl zu einer glatten Masse verrühren.
Das Eiweiß anschlagen und langsam mit dem Kristallzucker ausschlagen, bis der Eischnee eine kompakte Konsistenz erreicht.
Den Eischnee vorsichtig unter die oben angeführte Masse heben.
Butter in einer Pfanne aufschäumen lassen und die fertige Kaiserschmarrenmasse darin backen lassen (nicht mehr als 3 cm hoch anfüllen). Nach einigen Minuten den Teig wenden und fertig backen. Man kann den Kaiserschmarren mit der Pfanne auch im Backofen fertig backen. Mit zwei Gabeln die fertig gebackene Masse in kleine Stücke reißen und mit Staubzucker bestreuen. Fertig ist der Kaiserschmarren.
Man serviert den Kaiserschmarren mit Apfelmus, Zwetschkenröster oder Preiselbeeren, und man kann auch nach Belieben etwas Rosinen in die Masse geben und dann backen. (Ist aber nicht jedermanns Sache.)
Zu Schmarren passen Apfelmus, Zwetschkenröster, Apfelkompott oder Preiselbeeren.

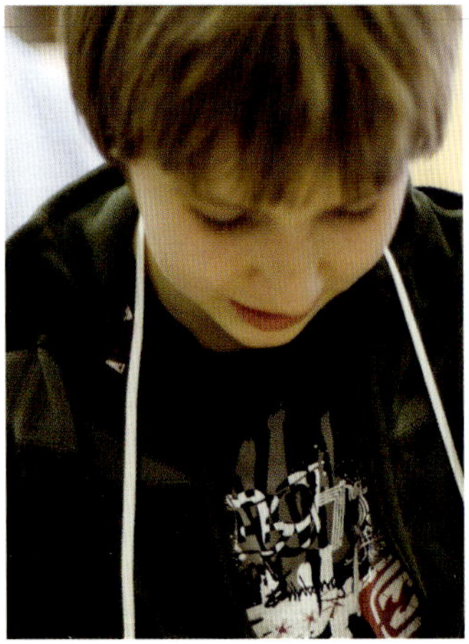

Johann Lafer

LAFER STROMBURG

Stromburg Hotel

LE VAL D'OR · STROMBURG HOTEL · BISTRO D'OR

55442 Stromberg bei Bingen

Tel.: 0 67 24/93 10-0
Fax: 0 67 24/93 10-90

e-mail: stromburghotel@johannlafer.de
www.johannlafer.de

Johann Lafers Stromburg ist ein exklusives Relais & Châteaux-Hotel mit 14 Zimmern, dem Sterne-Gourmetrestaurant »Le Val d'Or«, und dem »Bistro d'Or«.

RELAIS & CHATEAUX.

The American Academy of Hospitality Sciences Star Diamond Award

Schaumsuppe von Brunnenkresse mit Knoblauchroyale und Ricottazigarre

ZUTATEN FÜR 4 PORTIONEN:

Knoblauchroyale:

200 g Knoblauch, geschält
700 ml Schlagobers (Schlagsahne) 18 % Fett
1 Ei
2 Eigelbe
Salz, Muskat

Suppe:

1 Bund Brunnenkresse
30 g Butter
3 Schalotten, fein gewürfelt
1 Knoblauchzehe, fein gewürfelt
400 ml Geflügelfond
300 ml Sahne
Salz, Pfeffer, Muskat

Ricottazigarre:

150 g Ricotta
1 EL Schnittlauch, gehackt
1 EL Kerbel, gehackt
1 EL glatte Petersilie, gehackt
1 TL Tomatenmark
1 Eigelb
Salz, Pfeffer
Chili aus der Gewürzmühle
Saft von ½ Zitrone
4 Blatt Brickteig (Teigfladen aus Nordafrika)
1 Eigelb
Butterschmalz zum Ausbacken
etwas Zitronensaft
2 EL geschlagene Sahne (18% Fett)

ZUBEREITUNG:

Den geschälten Knoblauch mit der Sahne aufkochen, 10 Minuten ziehen lassen, durch ein Sieb passieren, auf 400 ml einkochen und abkühlen lassen. Anschließend Ei und Eigelbe untermixen, mit Salz und Muskat würzen und durch ein Sieb passieren. Die Masse in Gläser füllen und im Backofen bei 90 °C Umluft ca. 60 Minuten garen, bis die Royale stockt.

Die Brunnenkresse waschen und grob hacken.

Die Butter in einem Topf zerlaufen lassen. Schalotten und Knoblauch beigeben und anschwitzen. Mit Geflügelfond und Sahne auffüllen und um 1/3 einkochen lassen. Mit Salz, Pfeffer und Muskat würzen.

Die Brunnenkresse zu der Suppe geben und mit dem Pürierstab gut durchmixen.

Den Ricotta mit den gehackten Kräutern, Tomatenmark und dem Eigelb vermischen, mit Salz, Pfeffer, Chili aus der Gewürzmühle und Zitronensaft abschmecken und in einen Spritzbeutel füllen.

Den Brickteig mit Eigelb bestreichen und die Ricottamasse in einer langen Bahn darauf dressieren. Nun zu einer Zigarre aufrollen und die Enden gut festdrücken.

Die Zigarren in heißem Butterschmalz ausbacken und auf Küchenpapier abtropfen lassen.

Zum Schluss die Suppe durch ein Sieb passieren und mit Zitronensaft und geschlagener Sahne verfeinern.

Die Suppe vorsichtig auf die Knoblauchroyale gießen und mit einer Ricottazigarre garnieren.

Pochiertes Kalbsfilet im Kräutermantel auf Vanille-Fingermöhren und Kartoffelknödel

ZUTATEN FÜR 4 PORTIONEN:

800 g Kalbsfilet ohne Haut und Sehnen
3 Thymianzweige
3 Petersilienzweige
3 Kerbelzweige
Pfeffer
Salz
150 g gemischte Kräuter (z.B. Petersilie, Estragon, Kerbel, Thymian, Salbei, Sauerampfer, Bärlauch etc.)
Johann Lafers Bio-Senf, fein-würzig
16 Fingermöhren (Karotten)
2 EL Zucker
125 g Butter, davon 25 g weich
1 EL Butter zum Anschwitzen
2 Schalotten, fein gewürfelt
Mark von 1 Vanilleschote (de Tahiti)
150 ml Geflügelfond
300 g Erdäpfel (Kartoffeln), mehlig kochend
2 Eigelbe
50 g Kartoffelstärke
Muskat
50 g Semmelbrösel (Vollkorn)
Kerbel für die Garnitur

ZUBEREITUNG:

Ca. 2 cm Wasser in den Vitalis (Dampfgarer) füllen, aufkochen und das Garblech darüber setzen. Das Kalbsfilet rundherum mit Pfeffer würzen und mit einigen Kräuterzweigen belegen. Anschließend zuerst in Frischhaltefolie, dann in Alufolie wickeln und auf das Garblech legen. Zugedeckt bei 75 bis 80 °C (Thermometer gelegentlich überprüfen) etwa 15 bis 20 Minuten dämpfen. Anschließend das Fleisch ca. 5 Minuten ruhen lassen.
In der Zwischenzeit Kräuter von den Stielen zupfen und fein hacken.
Das Kalbsfilet auspacken, rundherum dünn mit Senf einstreichen und in den gehackten Kräutern wälzen. Anschließend in Tranchen schneiden und salzen.
Die Möhren waschen und schälen.
Zucker in einer Pfanne hellbraun karamellisieren, 1 EL Butter und Schalotten zugeben und leicht anschwitzen. Vanillemark und -schote sowie die Möhren zugeben, mit Salz und Pfeffer würzen und mit Geflügelfond ablöschen.
Die Möhren in dem Vanillesud weich kochen, sie sollten noch leicht Biss haben.
Zum Schluss die Vanilleschote entfernen.
Kartoffeln waschen, schälen, in grobe Würfel schneiden und in einem Dämpftopf weich garen. Anschließend im vorgeheizten Backofen bei 200 °C ca. 10 Minuten ausdämpfen lassen. Die Kartoffeln zweimal durch die Kartoffelpresse drücken. Mit einem Kochlöffel die Eigelbe in die Masse einarbeiten.
Nach und nach die Kartoffelstärke unterarbeiten, bis sie vollkommen aufgenommen ist. Die weiche Butter (25 g) unter den Teig kneten, mit Salz und Muskat würzen und den Teig abgedeckt für 1 Stunde in den Kühlschrank stellen.
In einem großen Topf reichlich leicht gesalzenes Wasser zum Kochen bringen.
Mit Hilfe eines Eisportionierers aus dem Teig Knödel formen und diese in siedendem Wasser garen. Sobald sie an der Oberfläche schwimmen, sind sie fertig.
100g Butter in einer Pfanne schmelzen, die Semmelbrösel zugeben, bis die Butter aufgesaugt ist. Die Knödel aus dem Wasser nehmen und in der Schmelze wenden. Mit Salz und Pfeffer würzen.
Die Möhren in einer Reihe auf den Tellern anrichten, das Filet in die Mitte geben und mit den Knödeln servieren. Mit frischem Kerbel garnieren.

Obst und Gemüse

Obst und Gemüse – unsere Vitaminbomben

Noch vor ein paar Jahren glaubten wir, dass Vitamine und Spurenelemente in gesteigerter Form und Menge als Tabletten oder Kapseln gegeben einen positiven Effekt auf unsere Gesundheit haben könnten. Offensichtlich ist aber das Gegenteil der Fall.

Wenn kein Mangel vorliegt, helfen dir Vitamine im Übermaß eingenommen nicht, sie können dir sogar schaden. Die Natur aber kann dir helfen: Sie hält in Form von Obst und Gemüse nicht nur die optimale Zusammensetzung von Spurenelementen und Vitaminen bereit, sie bietet uns auch eine Vielzahl an natürlich vorkommenden „Schutzstoffen" für unsere Gesundheit. Dies sind Carotenoide, Flavonoide, Isoflavone und Protease-Inhibitoren – alles Naturstoffe und sogenannte „Radikalfänger", die unser eigenes Erbmaterial vor den ständigen Angriffen diverser Umweltfaktoren schützen können.

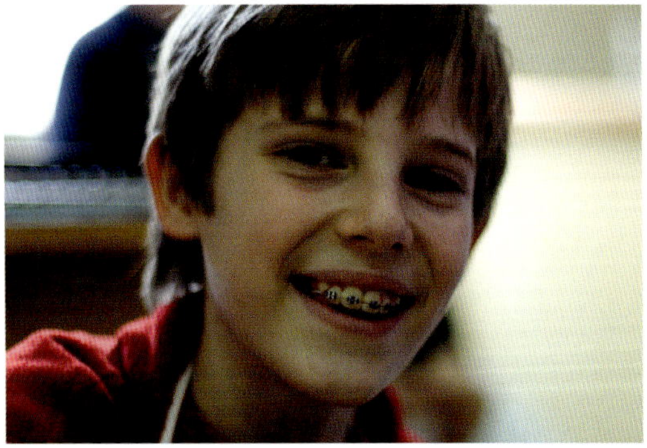

Ein Beispiel hilft, dies zu verstehen. Dunkle Farbstoffe in Beeren schützen die Erbanlagen in den Kernen der Früchte vor übermäßiger Sonneneinstrahlung – wir können diese Farbstoffe mit einer natürlichen Sonnencreme vergleichen. Nicht umsonst ist der seit 1976 bekannte Inhaltsstoff Resveratrol – ein Radikalfänger – in der Haut von Weintrauben und zahlreichen anderen Beeren vorhanden. Dieser Stoff kann Gefäßverkalkung, Gelenksentzündungen, aber auch Krebs vorbeugen. Pflanzen, die einer übermäßigen Ultraviolettstrahlung, also besonders viel schädigendem Sonnenlicht ausgesetzt sind, bilden daher auch viele Schutzfaktoren. Sie enthalten besonders viel Resveratrol, den „Sonnenschutzfaktor" der Natur.

Obst und Gemüse enthalten aber auch viele gute Ballaststoffe.

Ballaststoffe sind für unseren Körper unverdauliche Stoffe und gehören zu der Gruppe der Kohlenhydrate. Durch ihr Wasserbindungsvermögen gelingt es ihnen, den Darminhalt zu vergrößern und dadurch die Verdauung zu beschleunigen. Das hat einen wichtigen Schutzeffekt: Wir nehmen automatisch mit unserer Nahrung auch Giftstoffe auf. Diese können bei ausreichender Ballaststoffaufnahme dann wieder rasch aus unserem Körper entfernt werden.

Ballaststoffe haben auch die Eigenschaft, das Sättigungsgefühl nach der Mahlzeit länger zu erhalten. Du kannst diese nicht in Energie umwandeln. Sie haben einen ganz anderen wichtigen Zweck: Durch die Dehnung des Magens – daher heißen sie auch Ballaststoffe – wird dein Hungergefühl rasch gestillt. Du bist also schneller satt! Die Folge davon ist eindeutig: Durch das anhaltende Sättigungsgefühl bekommst du erst später wieder Hunger. Das kann dir dabei helfen, eine schlanke Linie zu behalten. Zusätzlich senken Ballaststoffe den Cholesterinspiegel und schützen damit unsere Blutgefäße vor Verkalkung und Schädigung.

Die empfohlene Menge an Ballaststoffen liegt bei mindestens 30 Gramm täglich. Das bedeutet, dass wir ungefähr fünf Portionen Obst oder Gemüse täglich zu uns nehmen dürfen. Am besten ist eine gute Mischung aus rohem (Vorspeise) und gekochtem (warme Hauptspeise) Gemüse. Dann bleibst du länger satt!

Also: Obst und Gemüse müssen die Quelle für unsere lebenswichtigen Vitamine und Ballaststoffe sein und bleiben!

Wie können wir den Obst- und Gemüseanteil unserer täglichen Ernährung verbessern?

Ganz besonders wichtig ist, dass viel frisches Obst und Gemüse zu unserer ständigen Verfügung steht. Ein Korb mit frischen Produkten in der Küche oder am Esstisch ist ein guter Beginn. Als Menschen greifen wir im Falle von Hunger meistens nach den naheliegenden Dingen. Ist Obst leicht erreichbar, erhöhen wir auch unseren Konsum dieser wichtigen Nahrungsquelle. „Machen wir die richtige Wahl zur leichten Wahl“ – Obst und Gemüse müssen leicht verfügbar und immer in unserer Nähe sein.

Wesentlich ist aber auch die Vorbildwirkung unserer Eltern und anderer Erwachsener. Was sie essen, hat einen riesigen Einfluss – ob direkt oder indirekt – auf die Ernährungsgewohnheiten von Kindern und Jugendlichen.

Auch wenn uns manche Obst- und Gemüsearten vielleicht nicht von Anfang an schmecken, wir brauchen ein buntes Angebot, wir müssen kosten und geschmacklich experimentieren. Nur so können wir die Vorteile, die uns die Natur bietet, auch nutzen. Schmecken uns Äpfel und Karotten nicht, so ist es im Zeitalter der Globalisierung sehr leicht, viele andere Obst- und Gemüsesorten auszuprobieren. Nutze deine eigene gesunde Chance!

Toni Mörwald

Restaurant Mörwald „Zur Traube“
& Hotel „Villa Katharina**“**
Kleine Zeile 13-17
3483 Feuersbrunn
+43.2738.2298.0
office@moerwald.at

m.kunst.genuss
in der Kunsthalle Krems
Franz-Zeller-Platz 3
3500 Krems an der Donau
+43.2732.908010.168
m.kunst.genuss@moerwald.at

Hotel & Restaurant Mörwald „Schloss Grafenegg“
3485 Grafenegg 12
+43.2735.2616.0 grafenegg@moerwald.at

Gourmetrestaurant
„Toni M.“
Kleine Zeile 13-17
3483 Feuersbrunn
+43.2738.2298.0
toni@moerwald.at

Relais & Châteaux
Mörwald „Kloster Und“
Undstraße 6
3500 Krems an der Donau
+43.2732.70493.0
und@moerwald.at

www.moerwald.at

ZUTATEN

FÜR 2 PORTIONEN:

2 Bio-Äpfel
Saft von 1 Bio-Zitrone
30 g Staubzucker

Backteig:

90 g Vollkornmehl
90 ml Milch
20 g Rapsöl
1 Eidotter
Prise Salz
1 Eiklar
10 g Rohrzucker

Erdnussöl zum Ausbacken
Staubzucker
Zimt, gemahlen zum Bestreuen
Preiselbeeren

Viel Spaß beim Kochen
wünscht Euch

Apfelringe mit Zimt, Rohrzucker und Preiselbeeren

ZUBEREITUNG:

Die Äpfel schälen und mit einem Apfelausstecher das Kerngehäuse entfernen. In 1 cm dicke Scheiben schneiden, mit Zitronensaft beträufeln und mit Staubzucker bestreuen.
Für den Backteig Mehl, Milch, Öl, Eidotter und Salz zu einem glatten Teig verrühren. Eiklar mit Rohrzucker zu Schnee schlagen und unter den Teig heben. Apfelringe durch den Backteig ziehen und in heißem Öl bei ca. 170 °C goldbraun backen. Herausheben und auf Küchenkrepp gut abtopfen lassen. Mit einer Mischung aus Zimt und Staubzucker bestreuen und mit Preiselbeeren garnieren.

Brokkoli-Cremesuppe mit Erdäpfel-/Karotten-Chips oder Vollkornbrotcroûtons

ZUTATEN FÜR 2 PORTIONEN:

500 g Brokkoliröschen
½ Schalotte
350 ml Geflügelsuppe
oder Gemüsesuppe
50 ml flüssiges Obers (Schlagsahne)
(18% Fett)
10 g Butter
Salz und Pfeffer aus der Mühle
1 mehliger Erdapfel (Kartoffel)
oder 2 Karotten
oder 2 Scheiben Vollkornbrot
Öl

ZUBEREITUNG:

Die Brokkoliröschen waschen und abtropfen lassen. Dann für 5 Minuten in reichlich Salzwasser kochen. Abtropfen lassen und eiskalt abschrecken und nochmals gründlich abtropfen lassen.
Schalotte anbraten und leicht dünsten und mit der Geflügelsuppe aufgießen.
Vorsichtig die Suppe zum Kochen bringen und den Brokkoli dazugeben.
Alles gut durchmixen. Obers hinzufügen, salzen und pfeffern.
Anschließend durch ein feines Sieb streichen. Wieder in den Topf zurückgießen.
Den Erdapfel (oder Karotten) schälen, in feine Scheiben schneiden und im Backrohr (mit Öl beträufelt auf Backpapier) zu Chips backen. Beim Vollkornbrot die Scheiben in kleine Stücke schneiden und genauso im Ofen backen.
Vor dem Servieren die Suppe noch einmal aufmixen und in vorgewärmte Suppenteller gießen. Mit den Chips oder Croûtons bestreuen.

Huhn mit Nockerln und Gemüse

ZUTATEN

FÜR 6 PORTIONEN:

Huhn:

400 g Huhn
1 g Lauch
250 ml Schlagobers
(Schlagsahne) (18% Fett)
Salz
Pfeffer
Rapsöl zum Anbraten

Nockerln:

2 Eier
1/4 l Milch
350 g Vollkornmehl/Dinkelmehl
Salz
Muskat

Gemüse:

2 Karotten
2 gelbe Rüben
1/8 l Wasser
Salz
etwas Olivenöl

ZUBEREITUNG:

Das Huhn in längliche Streifen (1 cm dick) schneiden, salzen und pfeffern.
Lauch in Scheiben schneiden.
In einer Pfanne etwas Öl erhitzen und darin den Lauch anschwitzen.
Danach die Hühnerstreifen dazugeben, kurz anbraten und das Obers hinzufügen.
Für den Nockerlteig die Zutaten glatt rühren, etwa 15 Minuten ruhen lassen und mit einem Nockerlsieb (oder Spätzlehobel) in das kochende Salzwasser einschaben.
Wasser und Öl zum Kochen bringen und die geschälten und geschnittenen Karotten und gelben Rüben hineingeben. So lange kochen, bis fast das ganze Wasser verdampft ist.

Karl und Rudi Obauer

Die Harmonie und Ausdruckskraft des Geschmacks ist der höchste Wert in Rudolf und Karl Obauers Auffassung von großer Küche. Der Ursprung der Produkte, die Art der Präsentation, die eingesetzte Technik – alles ist dieser Maxime nachgeordnet, die im Streben nach vollendetem Wohlgeschmack besteht.

Obauers Zugang zur Kochkunst ist bestimmt von den regionalen Traditionen und Produkten des Salzburger Lands, einer Leichtigkeit und Reduktion, wie es für die mediterrane Küche typisch ist, und der Kompromisslosigkeit im handwerklichen Anspruch, wie sie in der französischen Küche unabdingbar ist.

Die Offenheit gegenüber allen Kochkulturen ist für Karl und Rudolf ebenso prinzipiell wie die stets originäre Interpretation der kulinarischen Harmonienlehre – im Streben nach Vielfalt und Vielschichtigkeit im Zusammenklang der Aromen und in der Pflege und Entwicklung eines unverwechselbaren Stils.

Restaurant-Hotel Obauer, Markt 46, 5490 Werfen, 06468/5212-0

Erdäpfelnidei mit warmem Krautsalat

ZUTATEN

FÜR 4 PORTIONEN:

1 kg mehlige Erdäpfel (Kartoffeln)
300 g Vollkornmehl
3 Eier
1 Prise geriebene Muskatnuss
Erdnussöl zum Backen
etwas Olivenöl
1 Prise getrockeneter Gebirswermut (wenn du ihn findest – sonst nimm einfach andere frische Kräuter, die dir schmecken)
50 g Putenschinken
1 Zwiebel
½ Weißkraut, fein geschnitten
1 TL Kümmel
ca. 1/8 l Essig (je nach Schärfe des Essigs)
Salz
Pfeffer

ZUBEREITUNG:

Die Erdäpfel kochen, schälen und duch die Presse drücken. Mit Mehl, Eiern, Muskatnuss, Salz und Pfeffer zu einem Teig verarbeiten.
Aus dem Teig daumendicke Rollen formen. Etwa 2 cm lange Stücke abschneiden und in heißem Öl goldgelb backen. Nudeln mit getrocknetem Gebirgswermut oder anderen Kräutern bestreuen.
Während die Erdäpfel kochen, kannst du das Kraut fädelig schneiden, die Zwiebel schälen und auch kleinschneiden. Putenschinken und Zwiebel in 1 EL Olivenöl anrösten.
Das Kraut in einen großen Topf geben. Schinken, Zwiebeln, etwas Salz und Kümmel zum Kraut geben. ½ Liter Wasser mit dem Essig aufkochen und über das Kraut gießen. Das Kraut ¼ Stunde zugedeckt ziehen lassen, dabei eventuell über Wasserdampf warm halten.

Die Entdeckung eines neuen Gerichts ist für das Glück der Menschheit wichtiger als die Entdeckung eines neuen Gestirns.

Jean Anthelme Brillat-Savarin (1755–1826)
Schriftsteller, Philosoph, Gastrosoph

Obauers Gugelhupf

ZUTATEN

3 Eier

¼ l Schlagobers (Schlagsahne), fettarm

1 Packung Vanillezucker (oder Vanilleschote)

250 g Kristallzucker

¼ kg (Dinkel-)Mehl

½ Päckchen Backpulver

3 EL Milch

3 EL Nutella

Butter und Mehl für die Formen

ZUBEREITUNG:

Die Eier in Dotter und Klar trennen. Das Schlagobers halbfest schlagen. Unter weiterem Schlagen Zucker und Vanillezucker einarbeiten. Die Dotter einrühren. Mehl und Backpulver unterheben und die Milch zugeben. Eiklar zu Schnee schlagen und unter die Masse ziehen. Ein Drittel der Masse mit Nutella verrühren.

Eine Gugelhupfform mit Butter ausstreichen und mit Mehl bestreuen. Zuerst die Nutella-Masse einfüllen, dann den restlichen Teig daraufgeben. Den Gugelhupf bei 180 °C etwa 1 Stunde backen.

ZUTATEN

FÜR 4 PORTIONEN:

500 g Schwarzbeeren
(Heidelbeeren)
200 g Vollkornmehl
etwa 200 ml Milch
2 EL Rapsöl
1 Prise Salz
Staubzucker oder Rohrzucker
zum Bestreuen

Schwarzbeernocken

ZUBEREITUNG:

Die Schwarbeeren mit Mehl und einer Prise Salz vermischen. Unter ständigem Rühren so viel kochende Milch zugießen, dass eine zähe Masse entsteht.
In einer weiten Pfanne Rapsöl erhitzen. Löffelweise die Nockenmasse in die Pfanne setzen und anbraten. Die Nocken wenden. Den Deckel auf die Pfanne geben und die Nocken noch ein paar Minuten braten.
Mit Zucker und Staubzucker bestreut servieren. Als Getränk passt dazu Milch.

Alice

Vollkorn

Vollkorn – die Entgiftungszentrale

Anders als bei Obst und Gemüse essen wir eigentlich immer genug Kohlenhydrate in Form von Getreide, aber leider nicht immer in der richtigen Form. Weißes Mehl galt im Mittelalter als wertvolles Nahrungsmittel, da es durch die komplizierte, langwierige und teure Verarbeitung sehr begehrt war.

So beschreibt der katalanische Schriftsteller Ildefonso Falcones (geb. 1959) in seinem Roman „Die Kathedrale des Meeres" ein Hochzeitsmahl im 14. Jahrhundert:
„Bernat hatte seine Gäste gut bewirten wollen und siebenundvierzig Laibe Weißbrot aus Weizenmehl vorbereitet – keine Gerste, kein Roggen oder Dinkel, wie es die Bauern für gewöhnlich aßen. Helles Weizenmehl wie das Hemd seiner Frau. ... Beim Anblick der Weizenbrote waren die Augen des Bäckers groß geworden, um sich dann zu zwei schmalen Schlitzen zu verengen."

Damals war Weißbrot ein Luxusgut, ein Genussmittel, aber nicht zur täglichen Ernährung geeignet. Weißes Mehl hat keine oder fast keine Ballaststoffe, setzt die enthaltene Energie im Körper sofort frei und hat daher keine lange hungerstillende Wirkung. Der Darm muss nicht viel Inhalt transportieren und wird träge. Zusätzlich verbleiben mögliche Giftstoffe, die wir unweigerlich mit unserer Nahrung aufgenommen haben, zu lange im Darm. Sie werden sogar in den Blutkreislauf aufgenommen und können dann erst ihre negativen Wirkungen ausüben. Wir brauchen keine „antiken Luxusgüter" in Form von weißem Mehl, die uns – ständig gegessen – schaden können, wir können zu gesunden und gut schmeckenden Vollkornprodukten greifen. Die Vielfalt des Geschmackserlebnisses ist bei Vollkornprodukten auch bedeutend größer. Wenn du einmal die unterschiedlichsten Vollkornprodukte gekostet hast, wirst du merken, wie toll sie schmecken. Auch dein Hunger wird viel besser gestillt und diese Sättigungswirkung hält länger an.

Du kannst bei deinen eigenen Kochexperimenten immer weißes Mehl durch ein anderes Vollkornmehl ersetzen. Es macht unheimlich viel Spaß, diese Rezepte zu verändern und auszuprobieren, wie z.B. Kekse deiner Mutter oder Großmutter mit den unterschiedlichen Vollkornprodukten zu backen. Diese Speisen enthalten dann neben vielen Ballaststoffen auch viel mehr Vitamine. Eine geniale Quelle an Energie und Kraft!
Besonders wichtig ist aber auch, dass du immer genug trinkst, damit die Ballaststoffe dir nicht lebensnotwendige Flüssigkeit rauben. Also jeden Tag ungefähr zwei Liter trinken!
Es gibt kaum einen Grund, übermäßig viel weißes Mehl zu verwenden. Außer ab und zu als Genussmittel. Wichtig für uns ist die Unterscheidung zwischen dem, was wir täglich mehrmals essen dürfen, und dem, was wir selten essen sollen. Auf unseren Speiseplan gehören viele Vollkornprodukte! Daneben gibt es die seltenen Genussmomente, die für weißes Mehl offenstehen sollen und auch können – dies darf aber nicht unsere tägliche Nahrung sein oder bleiben.

Das ist gut!	Das ist nicht so toll!
Vollkornmehl	weißes Mehl
Vollkornprodukte	Weißbrot
Vollkornbrot	weiße Nudeln
Vollkornnudeln aus Grünkern	
Dinkel	
Roggen	
Gerste	
Hafer	
Aber auch Pseudogetreide wie Buchweizen und Amarant	

Achte bitte dringend auf die Unterscheidung zwischen Genussmitteln und unserem täglichen Essen!

Jacqueline Pfeiffer

2-Hauben-Köchin
im Restaurant „Le Ciel"
im Wiener Grand Hotel

Selbstverständlich ist es etwas ganz anderes, ob man Rezepte schreibt, die man anschließend für Gourmets zubereitet oder ob man Kochideen kreiert, die Euch Spaß machen und auch leicht nachkochbar sind.
Mir hat es sehr viel Freude bereitet, mir Gerichte auszudenken, die Ihr gerne habt und auch selbst umsetzen könnt. Den Gesundheitsaspekt dabei gleichzeitig hoch zu halten, war eine große Herausforderung für mich.
Ich habe zum Beispiel den Klassiker Palatschinken ausgewählt, allerdings auf eine andere Art:
Das Weißmehl wird durch Maismehl ersetzt, die Palatschinken werden mit buntem Gemüse gefüllt und mit gegrillten Hühnerstreifen garniert. So ist ein witziges Gericht entstanden, mit dem Ihr bestimmt keine Berührungsängste habt, und das wichtige Vitamine, Eiweiß und Ballaststoffe enthält.
Für mich und mein Team war es auch eine lehrreiche Erfahrung, dass Gerichte, die man schon oft gegessen hat, anders schmecken, wenn man ungesunde Zutaten durch gesündere austauscht. So schmecken zum Beispiel Pancakes mit Haferflocken anders, als ich es aus meiner Kindheit gewohnt bin. Gibt man den Speisen jedoch eine Chance, stellt man schnell fest, dass das Gericht in dieser Form eigentlich interessanter schmeckt – irgendwie nach mehr! Kein Wunder, es ist ja auch mehr dahinter.
Was mir besonders viel Spaß bereitet hat, war Euch zu zeigen, dass man bei Mayonnaise nicht nur auf die Tuben im Supermarkt angewiesen ist, sondern dass man diese auch leicht selber zubereiten kann.
Ich hoffe, Ihr werdet das eine oder andere meiner Rezepte ausprobieren. Dabei werdet Ihr feststellen, dass sie sehr flexibel gestaltet sind, das bedeutet, Ihr könnt gerne eine Zutat weglassen oder austauschen, je nachdem, was Ihr zu Hause habt oder Euch besonders gut schmeckt.

Viel Spaß beim Zubereiten und der anschließenden Verkostung

Eure Jacqueline

Dinkelscheiterhaufen mit Nüssen, Äpfeln und Bitterschokolade

ZUTATEN
FÜR 4 PORTIONEN:

250 g Dinkeltoastbrot
60 g Obers (Schlagsahne) (18% Fett)
325 g Milch
50 g Vollei (das ist die aus dem Inhalt aufgeschlagener Hühnereier gewonnene Ei-Masse; sie gibt es auch pasteurisiert in abgepackter Form)
40 g Eigelb
25 g Honig
8 g Rohrzucker
7 g Bio-Zitronenzesten (das sind hauchdünne Streifen aus der äußeren Schale der Frucht – daher solltest du möglichst eine unbehandelte Bio-Zitrone verwenden)
40 g Nüsse gehackt
etwas Bitterschokolade (80% Kakaoanteil)
250 g geschälte und entkernte Bio-Äpfel, in Spalten geschnitten
20 g Rosinen
Zimt
1 EL Butter

ZUBEREITUNG:

Die Apfelspalten mit Zimt, Rosinen und etwas Wasser leicht dünsten.
Die Toastbrotscheiben mit der Masse aus Obers, Milch (von Obers und Milch behalte eine kleine Menge zurück), Vollei, Eigelb, Rohrzucker, Nüssen, Honig und Zitronenzesten übergießen und 1 Stunde ziehen lassen; evtl vorsichtig wenden. Die Brotmasse lege dann mit den Äpfeln und Rosinen aufgefächert in eine mit Butter bestrichene Auflaufform; die zurückgebliebene Milch-Obers-Mischung gießt du über den Auflauf und das Ganze bleibt dann bei 160 °C ca. 35 Minuten im Ofen.

Tomatensuppe mit gebratenem Fetakäse im Vollkornbrot und Basilikumöl

ZUTATEN

FÜR 4 PORTIONEN:

1 kg Rispentomaten
3 Stk. geschälte Schalotten
400 ml Tomatensaft
½ Stange Lauch (weiß bis hellgrün)
2 EL Olivenöl extra vergine
3 Knoblauchzehen, geschält
1 Zweig Thymian
1 Zweig Basilikum
1 Zweig Rosmarin
1/8 l Schlagobers (Schlagsahne) (18% fett)
150 ml Olivenöl extra verigne zum Einlegen der Basilikumblätter
1 kl. Bund Basilikum zum Einlegen
100 g Fetakäse (Schafskäse)
¼ kg Vollkornbrot (vom Vortag)

Tipp: Das Brot muss schön kompakt sein; denn sonst kannst du es nicht dünn mit der Aufschnittmaschine schneiden.

Salz
Pfeffer

ZUBEREITUNG:

Am Vortag:
Für das Basilikumöl: Die Basilikumblätter abzupfen, in ein Gefäß geben, mit dem Olivenöl aufgießen, mixen, über Nacht ziehen lassen und dann durch ein feines Sieb abseihen.

Die Tomaten waschen, den Lauch halbieren und gut zwischen den einzelnen Blättern waschen. Alles grob schneiden, das Ganze in einem Topf mit Olivenöl anschwitzen, mit Salz und Pfeffer würzen, mit Tomatensaft und Schlagobers aufgießen, leicht köcheln lassen.
Knoblauch und die Kräuter für die letzten 10 Minuten dazugeben, nur noch ziehen lassen, mixen und passieren.
Den Fetakäse in 4 gleichgroße Rechtecke schneiden.
Das Brot ca. 3 mm dick mit der Maschine in Scheiben schneiden.
Daraus nun 8 Rechtecke schneiden, die dieselbe Größe haben wie der Käse, und zu Doppeldeckern zusammenbauen.
Eine Pfanne mit Öl erhitzen und darin die Brotseiten knusprig braten.
Achte darauf, dass der Käse nicht zerläuft.
Garniere dann die Brote mit der Tomatensauce und gib ein wenig von deinem Basilikumöl dazu.

Maispalatschinken mit gegrilltem Bio-Freilandhuhn, buntem Gemüse, Kräutern und Olivenöl sowie Mayonnaise

ZUTATEN FÜR 4 PORTIONEN:

Palatschinken (Pfannkuchen):

125 g Maismehl
2 Eier
¼ l Milch

Fleisch/Gemüse:

560 g Bio-Freiland-Huhnbrust
180 g Gemüse- oder Salat-Kräuter-Mischung (nach Saison und Geschmack)
evtl. eine Handvoll essbare Blüten
100 g Schafsjoghurt
etwas Limettensaft
2 EL Olivenöl
Salz
Pfeffer

Mayonnaise:

1 Eigelb (pasteurisiert oder ganz frisch)
1 Teelöffel Senf
2 cl Weißweinessig
45 g Olivenöl extra vergine oder anderes kaltgepresstes Öl
1 Spritzer Limettensaft
Salz
Pfeffer

ZUBEREITUNG:

Aus dem Maismehl, Eiern und Milch einen Teig herstellen und daraus 8 Palatschinken backen.
Die Hühnerbrüste enthäuten und in Streifen schneiden.
Gemüse bzw. Salat putzen, Kräuter grob hacken, das Gemüse klein schneiden oder auch hobeln (je nach Sorte), aber alles so gut wie roh belassen.
Das Schafsjoghurt mit dem Öl, Limettensaft, Salz und Pfeffer glattrühren und abschmecken.
Für die Mayonnaise das Eigelb mit dem Senf und Essig in eine kleine Schüssel geben, das Öl langsam einlaufen lassen, währenddessen mit dem Schneebesen schnell schlagen; Am Schluss würzen und einen Spritzer Limettensaft zugeben. Kalt stellen.
Das Huhn würzen und beidseitig grillen.
Die Gemüse- bzw. Salat-Kräuter-Mischung mit dem Joghurt marinieren und in den Palatschinken einklappen (das machst du wie bei Crêpes). Das Gemüse bzw. der Salat soll ruhig aus den Palatschinken rausschauen, auf den Teller kommen dann noch die Hühnerstreifen. Das Ganze kannst du dann mit der Mayonnaise vollenden.
Du kannst das Huhn mit Kräutern oder evtl. mit essbaren Blüten garnieren.

Haferflocken-Pancakes mit Joghurt, frischen Früchten, Minze und Bioahornsirup

ZUTATEN

FÜR 4 PORTIONEN:

150 g Haferkleie
125 ml Milch
3 Dotter
3 Eiweiß
40 ml Rapsöl
320 g frisches Obst (nach Saison) geschnitten
4–6 Blätter Minze
Bio-Ahornsirup nach Geschmack
200 g Schafsjoghurt
etwas Rapsöl

ZUBEREITUNG:

Hafer mit Milch, Dotter und Rapsöl glattrühren.
Eiweiß schlagen und unterheben.
In einer heißen Pfanne etwas Rapsöl eingießen, die Pancakemasse mit einem Esslöffel einlaufen lassen und die Plätzchen beidseitig goldbraun braten.
Die Minze grob hacken und unter die frischen Früchte mischen.
Das Joghurt natur belassen, den Ahornsirup je nach Geschmack und Wunsch der Süße über die Pancakes gießen.

Heinz Reitbauer

Wirtshaus Pogusch, Pogusch 21, 8625 Turnau, Rel.: 03863/5151

Lauwarmer Paradeiser-Salat mit Avocado

ZUTATEN

FÜR 4 PORTIONEN:

200 g Champignons
60 g Olivenöl
30 g Honig
10 g Sojasauce
10 g Weißweinessig
Saft einer ½ Zitrone
¼ l Wasser
Salz, Pfeffer
1200 g gemischte Paradeiser (Tomaten) (Rispen, Cherry, Eier, Pflaumen, Ribiselparadeiser)
1 Stück reife Avocado (Sorte Hass)
4 EL fein geschnittene Lauchwürfel
1 Zweig Estragon
Basilikum
Kerbel
Gartenkräuter
100 g braune Butter

ZUBEREITUNG:

Für die Marinade Champignons klein schneiden und in Olivenöl stark rösten. Mit Honig, Sojasauce, Essig und Zitronensaft ablöschen und mit Wasser aufgießen. Auf die Hälfte reduzieren, abseihen, salzen und die braune Butter mit einem Stabmixer einrühren.
Die Paradeiser kurz blanchieren, schälen und je nach Größe halbieren oder vierteln. Die Marinade mit den Lauchwürfeln und dem gehackten Estragon erhitzen, die Paradeiser darin kurz erwärmen.
Die Avocado in Spalten schneiden, schälen und mit dem Paradeisersalat anrichten. Mit frischen Kräutern garnieren.

Tipp: Warmes knuspriges Dinkelweckerl oder Kornspitz dazureichen.

In Graumohn gebackener Zander mit roten Rüben, Erdäpfeln und Rahm

ZUTATEN

FÜR 4–6 PORTIONEN:

600 g Zander-Filet (ohne Haut)
50 g fein gemahlener (Waldviertler) Graumohn
50 g altes Vollkornbrot gerieben
1 Ei
Mehl (am besten Dinkelmehl)
Erdnussöl zum Ausbacken
150 g gekochte rote Rüben
100 ml roter Rübensaft (Biotta)
250 g gekochte, geschälte Erdäpfel (Kartoffeln)
1 EL Butter
5 EL Sauerrahm (saure Sahne)
Salz
Pfeffer
Kümmel
Muskat
Dille

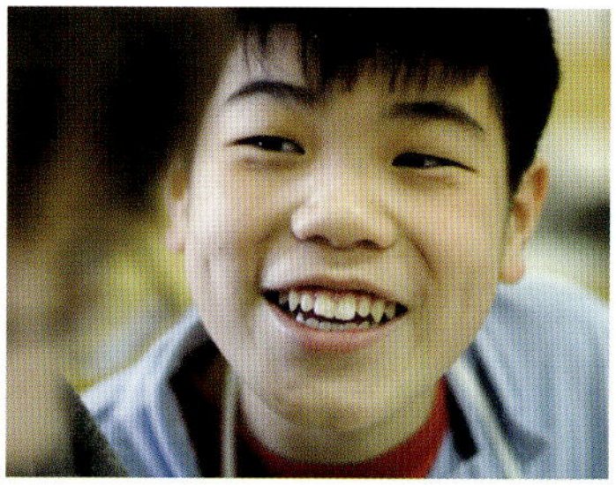

ZUBEREITUNG:

Die gekochten, geschälten roten Rüben in mundgerechte Stücke schneiden und mit dem Rübensaft langsam einkochen lassen. Mit Salz und Kümmel abschmecken.
Das Zanderfilet in ca. 60–80 g große Stücke schneiden und mit Salz leicht würzen. Den Graumohn mit den Bröseln (geriebenes Brot) vermischen.
Die Fischstücke nun wie durch eine Wiener Panier ziehen. Im Erdnussöl bei milder Temperatur langsam ausbacken. Dabei mehrmals wenden.
Nach dem Backen gut abtropfen lassen und noch etwas salzen.
Die gekochten Erdäpfel schälen. Mit der Gabel zerdrücken und mit der Butter und dem Sauerrahm abmischen. Mit Salz, Pfeffer, Muskat und Dille abschmecken. Mit dem gebackenen Zander und den roten Rüben anrichten.

Gemeinsam Essen

Alice
Stockreiter
Philipp

Gemeinsames Essen ist lustig, kommunikativ und extrem wichtig!

NOCH WICHTIGER IST GEMEINSAMES KOCHEN!

Vom Beginn der Menschheit an kommt der gemeinsamen Nahrungsaufnahme eine bedeutende Rolle im Zusammenleben innerhalb der Familie zu. Diese Zeit dient nicht nur der Aufnahme des Essens, sondern prägt und pflegt viele soziale Eigenschaften, die vor allem für Kinder und Jugendliche von entscheidender Bedeutung waren und sind. Leider hat in vielen Gesellschaften – vor allem in schnelllebigen Strukturen – das jederzeit mögliche Öffnen des Kühlschrankes und das Hinunterschlingen von Fertigprodukten „pseudokulturelle“ Bedeutung erlangt. Wichtiger und richtiger ist aber ein gemeinsames Essen, wie es früher einem gemütlichen Sitzen um den Herd oder die Feuerstelle entsprochen hat.

Gemeinsames Kochen und anschließendes Essen ist der wesentliche Schlüssel für eine gesunde Ernährung!

Die Bedeutung einer regelmäßigen gemeinsamen Nahrungsaufnahme ist wissenschaftlich unumstritten. Kinder und Jugendliche profitieren in ihrer Entwicklung, sie trainieren ihre Kommunikation, den Umgang mit anderen Menschen, aber insbesondere auch, wie gesundes Essen gelebt werden kann. Die Vorbildwirkung ist sehr wichtig. Wer öfter gemeinsames Essen teilt, ernährt sich nicht nur insgesamt besser, Essensstörungen wie Magersucht (Anorexie) oder Übergewicht, aber auch Drogenmissbrauch (Alkohol, Rauchen etc.) kann vorgebeugt werden.

Gleichzeitig steigen auch die schulische Leistungsfähigkeit und die sozialen Interaktionen. Wir sind viel besser auf die Anforderungen des täglichen Lebens vorbereitet.
Alles spricht also für gemeinsames Essen innerhalb der Familie als Kommunikationsmittelpunkt. Je öfter wir dies pro Woche tun können, umso besser wird der Zusammenhalt, und unsere persönliche Zufriedenheit steigt.
Übertroffen wird ein kommunikatives Essen nur noch durch die gemeinsame Zubereitung der Speisen. Hier lernen und lehren wir, wie gesunde Nahrungsmittel richtig und schmackhaft verarbeitet werden. Manuelle Geschicklichkeit ist erforderlich und wird gefördert. Wir kommunizieren und erkennen die wunderbare Vielfalt der Bestandteile unserer Nahrung. Wir haben die gute Gelegenheit, beim Kochen über Rezepte, Tipps und Tricks zu plaudern und diese auszutauschen.
In unserer schnelllebigen Zeit hat gemeinsames Kochen und Essen aber auch noch einen ganz entscheidenden Vorteil: Wir haben einen wichtigen Slow-down-Faktor, eine „Entschleunigung" in unserem möglicherweise zu gehetzten und gestressten Umfeld.

Essen alleine ist langweilig. Gemeinsames bewusstes Kochen und Essen mit Familie oder Freunden ein fast unüberbietbarer und gesunder Genuss.

Die Ernährungs-pyramide

Möchtest Du dünner werden, verringere Dein Abendessen.

Henry S. Leigh (1837–1883)
Schriftsteller

Die Ernährungspyramide

Wie soll denn unsere Ernährung beschaffen sein? Was sollen wir jeden Tag und in welcher Menge essen?
Eine einfache Hilfestellung, an die wir uns halten können, ist die Ernährungspyramide. Sie ist eine grafische Darstellung, die aufgrund ernährungswissenschaftlicher Erkenntnisse zeigt, in welchen Mengenverhältnissen verschiedene Nahrungsmittel eingenommen werden sollen. Sie veranschaulicht das ungefähre Verhältnis auf einen Blick. An der Basis sitzen die bevorzugten, an der Spitze sind die in geringerer Menge zu verzehrenden Nahrungsmittel zu Hause.
Aufgrund neuerer wissenschaftlicher Erkenntnisse zu den einzelnen Nahrungsmittelklassen schlagen die Ernährungsforscher Walter C. Willett und Meir J. Stampfer von der Havard School of Public Health bei Boston in den Vereinigten Staaten von Amerika diese Ernährungspyramide vor. Sie hat die alte Pyramide abgelöst, bei der nicht zwischen „guten und schlechten" Kohlenhydraten und Fetten unterschieden wird.

Die Harvard-Pyramide sieht so aus:

Pflanzenöle (aus Oliven, Raps, Erdnüssen...) sind jetzt an der Basis bei den ballaststoffreichen Getreideprodukten zu finden, während geschälter Reis, Weißbrot, Kartoffeln und weiße Nudeln sowie tierische Fette (z.B. Butter) und rotes Fleisch an der Spitze stehen. Aber auch ausreichend ausgeübter Sport und Trinken dürfen bei einer gesunden Ernährung nicht fehlen.
Beim Fleisch unterscheiden wir zwischen Geflügel und rotem Fleisch. Geflügel gilt als gesünder und wir sollen es aus diesem Grund häufiger essen. Neben Geflügel sollen Fisch, Nüsse und Hülsenfrüchte unsere Hauptquellen

von Eiweiß sein. Rotes Fleisch und Käse können wir genießen, sollen es aber nicht als Hauptnahrungsquelle ansehen.

Die Vorschläge der beiden Autoren zu dieser überarbeiteten Ernährungspyramide finden breite Zustimmung in der Wissenschaftsgemeinde auch in Deutschland, Österreich und der Schweiz. Es ist eine sehr übersichtliche und leicht zu verfolgende Hilfe, wie wir uns täglich ernähren sollen. Am besten, wir befestigen eine Kopie dieser Pyramide auf unserer Kühlschranktür in der Küche.

Ohne Bewegung geht gar nichts!

Die Schweiz entspricht ihrem Ruf als besonders gründliches Land vollkommen. Die Bevölkerung, insbesondere Kinder und Jugendliche und deren Vorstellungen von „gesunder Ernährung", wird systematisch erfasst. Die schweizerischen Verantwortlichen haben klar erkannt, dass ähnlich wie in anderen europäischen Ländern jedes fünfte Kind an Übergewicht leidet. Mit steigendem Alter nimmt dies sogar noch zu. Nicht zu vergessen ist ein eindeutiger Zusammenhang zwischen schlechtem und krankmachendem Übergewicht und familiären, kulturellen sowie bildungsgesteuerten Faktoren.

Wir haben die Möglichkeit, durch Aufklärung und Information viel Positives zu erreichen.

Befragungen ergeben, dass wir uns mit den Themen Bewegung, Ernährung und Gewicht eigentlich gut auskennen, die Zusammenhänge sehen und zwischen gesunder und ungesunder Nahrung unterscheiden können. Gesunde Ernährung wird wie Rauchen und Alkohol als wichtiges Thema eingestuft.

Aber: Top ist dieses Thema leider noch immer nicht. Das sollte es aber sein!

Die Schweiz versucht es so: Mittels einer Plakatwerbekampagne soll ein positiver Effekt auf das Körpergewicht erreicht werden. Die Plakate vermitteln kernige, aber wahre Sprüche wie „Mit genügend Bewegung wird jeder Teller zu einem Fitnessteller!" (aus www.gesundheitsfoerderung.ch).

Der Erfolg bleibt abzuwarten, klar ist aber, dass alle vernünftigen Ernährungsempfehlungen im Grunde immer wieder auf die beste Ernährungspyramide verweisen, die uns zur Verfügung steht: die Harvard-Pyramide. Wie wir ganz klar erkennen können, unterscheidet diese Pyramide nicht nur zwischen guten und schlechten Kohlenhydraten und Fetten, sie macht auch eine ganz klare Aussage: Ohne sinnvolle Bewegung – wir meinen dabei hauptsächlich Ausdauertraining (Laufen, Joggen, Radfahren, Schwimmen,...) – macht gesunde Ernährung nur halb so viel Sinn. Wenn wir uns ausreichend und oft bewegen, dann können wir unser Gewicht viel besser kontrollieren und eventuell korrigieren. Wir können viel mehr essen, was uns schmeckt. Und wir nutzen den stimulierenden Effekt der körpereigenen Glückshormone (wie z.B. Endorphine). Bewegung ist daher ein wesentlicher Baustein für ein gesünderes und erfüllteres Leben!

Der Gorilla ist unser Vorbild

Was bedeutet diese etwas seltsam anmutende Aussage? Ist sie ein reiner Gag? Was hat unsere heutige Ernährung mit dem Gorilla zu tun? Warum sollen Gorillas die Vorbilder bei unserer Ernährung sein?
Gorillas gehören zur Familie der Menschenaffen und sind die größten lebenden Primaten. Die Männchen werden bis zu 200 kg schwer, leben hauptsächlich in Wäldern und sind sowohl am Boden als auch auf Bäumen fast ständig auf der Suche nach Nahrung. Sie sind ideale Vorbilder für die Einhaltung der Ernährungspyramide, denn sie sind nach einem geregelten Tageszeitplan bei der Nahrungssuche immer in Bewegung und beachten also die Grundlage der Pyramide.

Aber auch ihre Nahrung, die sie auf ihren Streifzügen finden, ist beispielgebend für eine ideale Diät. Gorillas fressen hauptsächlich Pflanzen und deren Blätter – also Gemüse und Früchte. Der Anteil wechselt je nach dem Angebot, also was der Supermarkt der Gorillas – der afrikanische Wald – an frischen Zutaten zu bieten hat. Gelegentlich kommen auch Insekten oder kleine Säugetiere fast zufällig dazu – also selten Fleisch oder tierisches Fett. Zusätzlich findet der Gorilla auch Nüsse, die ihn mit den guten – lebenswichtigen pflanzlichen – ungesättigten Fettsäuren versorgen.
Die tägliche Nahrung unserer Vorfahren sah im Grunde ganz ähnlich aus.

Warum ist das für uns so interessant?

Das Beispiel zeigt uns, was seit Millionen von Jahren den Menschenaffen, aber auch unseren Vorfahren und eigentlich auch uns heute an Nahrungsmitteln zur Verfügung steht. Viel frisches Obst und Gemüse, einige Nüsse und ganz wenig tierisches Fett. Auf diesen Speiseplan haben sich unsere Erbanlagen – also unsere Gene – gut einstellen können. Wenn wir jetzt auch noch beachten, dass sich das Genom (die Erbanlagen in den Chromosomen der Zellen) des Gorillas und unser eigenes nur minimal unterscheidet, dann verstehen wir, dass auch unser täglicher Speiseplan dem eines Gorillas ähnlich sein sollte. Viel frisches Obst und Gemüse, reichlich Ballaststoffe, pflanzliche Öle, die reich an ungesättigten Fettsäuren sind, und nur gelegentlich tierisches Fett.
Wir haben leider nicht das genetische Werkzeug, um den gesamten Berg an Nahrungsmitteln, den uns die moderne Welt und Industrie zur Verfügung stellt, richtig und gesund zu verarbeiten. Unser Stoffwechsel ist überfordert. Wir müssen sorgsam mit ihm umgehen, sonst leidet unsere Gesundheit!
Daher: die Köstlichkeiten, die uns die modere Zeit gebracht hat und die auch gut schmecken – z.B. Torten, Kuchen –, sollen Genussmittel bleiben! Wir dürfen sie gerne genießen, aber eher selten.

Martin Sieberer

Die Kochakademie

Hochbetrieb in der Küche, die Mannschaft bereitet sich auf den Abend vor. Nur in einem Teil ist auffallende Ruhe, wo mit der Leichtigkeit eines Menschen, der am rechten Platz ist, Martin Sieberer gleichzeitig über die Kunst des Einfachen redet, zubereitet, vorkocht und noch 10 Händepaare dirigiert. Ob Rezepte, Lebensmittelkunde, Tipps, leicht fließt es aus ihm heraus und wird, je nach Kochkurs, von Männern, Frauen, Kindern, von Kochanfängern und selbst Küchenchefs andächtig aufgenommen. Während die Großen handwerkliche Herausforderungen hoch konzentriert umsetzen, machen sich die Kleinen spielerisch ans Werk: Kochen, das ist die Quadratur des Sandkastens, erst Rühren, dann Backen und am Ende lecker schmecken! Alles wird auf kreativen Nutzen getestet, ein Karton mit Löchern wird zum Schokohütchenstand, der Finger dient als Messgerät für Wärme. Ohnehin sind die Hände das wichtigste Küchengerät. Nur auf eine besondere Profiausrüstung legt Martin Sieberer bei allen Wert: Geschmacksnerven frisch wie bei einem Kind – und lässt genauso wie diese den Finger im Mund verschwinden.

Bereits nach Beendigung seiner Lehrzeit war für Martin Sieberer klar, dass Kochen noch mehr bedeuten kann und so führte ihn sein kulinarischer Werdegang zu großen Köchen im In- und Ausland. 1991 übernahm er die Verantwortung als Küchenchef im Romantikhotel Tennerhof in Kitzbühel, wo er bereits im ersten Jahr 2 Gault-Millau-Hauben (16 Punkte) erkochte. Im November 1996 fand Martin Sieberer eine neue Herausforderung im Hotel Trofana Royal in Ischgl und das Gourmetrestaurant Paznauner Stube wurde vom Guide Gault Millau mit 2 Hauben ausgezeichnet. 1998 schließlich wurde ihm erstmals die 3. Haube verliehen, welche ihm bis heute jedes Jahr aufs Neue bestätigt wurde. Im renommierten Gourmetführer A-la-carte werden Sieberers Leistungen ebenfalls jährlich mit Höchstnoten bewertet. Außerdem wurde er zum „Koch des Jahres 2000" gekürt. Beim erstmaligen Erscheinen des Michelin-Führers in Österreich im Herbst 2004 wurde seine Küche mit einem Stern ausgezeichnet.

Hotel Trofana Royal GmbH, Fam. von der Thannen, Dorfstraße 95, 6561 Ischgl, Tel.: 05444/600

ZUTATEN

FÜR 2–4 PORTIONEN:

125 g gemischte Waldbeeren
250 ml Joghurt 1%
10 g Honig
35 g Müslimischung (Haferflocken, Haselnüsse, Rosinen, Weizenkleie)

Beerenmüsli

ZUBEREITUNG:

Die Hälfte der Waldbeeren pürieren.
Joghurt mit Honig und der Müslimischung vermengen und quellen lassen. Von den ganzen Beeren einige für die Garnierung aufheben. Den Rest der ganzen Beeren und die pürierten Beeren unter die Joghurt-Müsli-Mischung heben. In Portionsschalen geben und mit einigen Beeren dekorieren.

Kochen erfordert eine gewisse Konzentration,
eine gewisse Liebe, eine zärtliche Aufmerksamkeit

Norman Mailer (1923–2007)
Schriftsteller

Eintopf mit Huhn und Gemüse

ZUTATEN

FÜR 4 PORTIONEN:

4 Hühnerbrüste
1 l Hühnerfond oder Gemüsefond
12 Spargel (ihr könnt auch anderes Gemüse je nach Saison verwenden)
4 Tomaten
Bärlauch
Basilikum
Kerbel
Liebstöckl
Meersalz
Pfeffer

ZUBEREITUNG:

Die Hühnerbrüste von Haut und Fett befreien. Den Hühnerfond in einen mittelgroßen Topf geben, würzen, den Liebstöckl dazugeben und aufkochen. Die Hühnerbrüste in die kochende Flüssigkeit geben.
Den Spargel schälen, in kleine Stücke schneiden und ebenfalls in die Flüssigkeit geben. Das Ganze zugedeckt bei kleiner Flamme ca. 10 Minuten leicht köcheln lassen. Du darfst nicht zu stark kochen, denn sonst wird das Fleisch trocken und hart!
Die Tomaten entkernen, schälen und zusammen mit den frisch gezupften Kräutern zum Schluss in den Topf geben. Wenn notwendig, nochmals abschmecken und das Gericht im Topf servieren.

Pizza speciale

ZUTATEN
FÜR 4 PORTIONEN:

Teig:

250 g Vollkorn- oder Dinkelmehl
150 g lauwarmes Wasser
20 g Germ (Hefe)
5 g Salz
3 g Olivenöl (kaltgepresst)

fertige Tomatensauce aus der Packung zum Bestreichen

Belag:

Schinken (am besten von der Pute)
Champignons
Ananas
Salami
geriebener Käse
Oregano
Salz
Pfeffer

ZUBEREITUNG:

Für den Teig alle Zutaten in eine Rührmaschine geben und zu einem festen Teig kneten. Lass diesen dann 1 Stunde rasten.
Teig ausrollen, mit Tomatensauce bestreichen und belegen. Am Schluss mit Käse bestreuen, dann noch mit Oregano, etwas Salz und Pfeffer würzen. Die Pizza bei 190 °C ca. 12–20 Minuten – je nach Dicke des Pizzateiges – backen.
(Je dicker der Teig ist, desto länger musst du ihn backen.)

Dinkelmarmorguglhupf

ZUTATEN:

15 ml Rapsöl
10 g Kakao
1 EL heißes Wasser
30 g dunkle Schokolade
(mindestens 70% Kakaoanteil)
4 Eidotter
20 g Rohrzucker (für Schnee)
1 Prise Vanillezucker (Bourbonvanille oder Vanilleschote)
1 Prise Salz
200 g Butter
100 g Rohrzucker-Honiggemisch
4 Eiklar
210 g Dinkelmehl
½ Backpulver

Tipp: Nach dem Backen kannst du Preiselbeermarmelade langsam erwärmen und den ausgekühlten Kuchen damit bestreichen.
1 Stunde trocknen lassen!
Eignet sich hervorragend auch als Torte oder Kuchen.

ZUBEREITUNG:

Öl und Kakao vermischen, das Wasser dazugeben und mit der gehackten Schokolade verrühren.
Eidotter, Zucker, Vanillezucker und Salz kurz verrühren. Die Butter aufkochen und langsam unter die Eimasse rühren. Wenn möglich, damit eine bessere Verbindung der Masse entsteht, mit einem Mixer kurz mixen. Zucker und Eiklar zu Schnee schlagen, nach und nach die Eiweißmasse und das mit Backpulver gemischte Mehl unterheben.
Guglhupf- oder Kuchenform mit Butter ausfetten und mit Brösel ausstauben.
Ein Drittel der Masse mit der Ölmischung (Öl, Kakao- Schokomischung) mischen und dann abwechselnd die helle und die dunkle Masse in die Guglhupfform füllen und bei 160 °C ca. 55 Minuten backen.

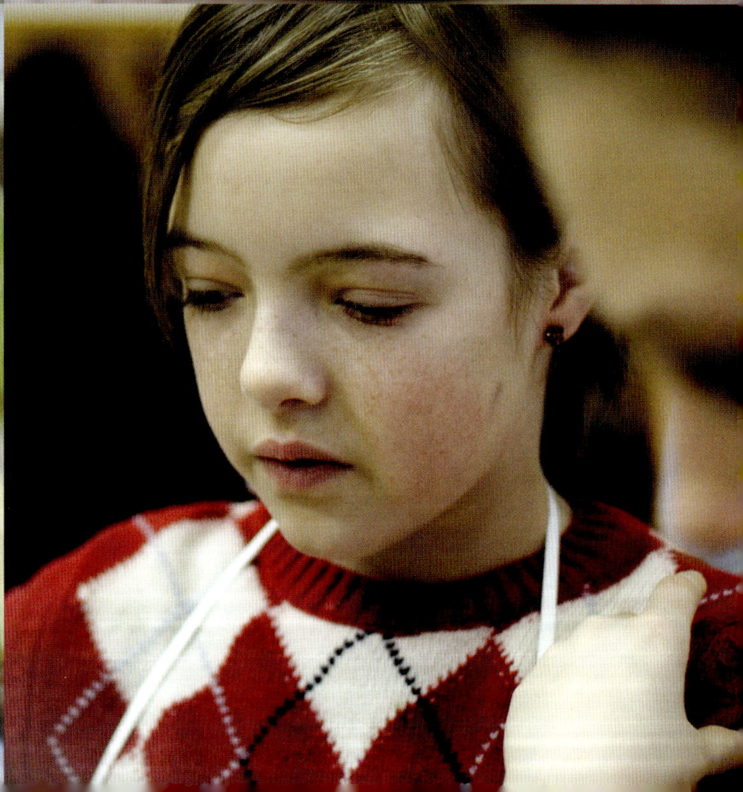

ZUTATEN

FÜR 15 PORTIONEN:

3 ganz frische Eier, am besten aus Freilandhaltung
100 g Rohrzucker-Honiggemisch
500 g Mascarpone (fettreduziert)
400 g Obers (Schlagsahne) (18% Fett)
Vollkornbiskotten
2 Tassen mit starkem Kaffee
1 EL Honig
1 Becher frische Erdbeeren

Erdbeer-Tiramisu

ZUBEREITUNG:

Mit dem Mixer die Eier mit dem Zucker schaumig schlagen, den Mascarpone bitte nicht mitschlagen – nur einrühren. Anschließend das geschlagene Obers unterheben.

Den starken Kaffee zubereiten und mit 1 EL Honig verrühren.

Die Erdbeeren in Scheiben scheiden und mit der Creme und den im Kaffee getunkten Biskotten in kleine Tassen füllen. Tassen in den Kühlschrank stellen und kurz vor dem Essen oben mit Hilfe eines Siebes mit Kakao bestreuen.

Sissy & Stefanie Sonnleitner

Ein Sehnsuchtsort für Genießer –

wir, das Sonnleitner-Team verstehen uns als Manufaktur des puren Geschmacks. Mit dem Reigen der Jahreszeiten ändern sich die frischen Zutaten. Was bleibt, das sind die Reinheit und die Ursprünglichkeit der einzelnen Aromen. Eine gelungene Mischung aus karnischer Bodenständigkeit und mediterranem Temperament.

Unser kleines, feines Landhotel führen wir mit besonderer Hingabe und Herzlichkeit.

Die gemütlichen Landhauszimmer, wunderschönen Appartements und romantischen Suiten sind so individuell wie die Küche des Hauses und bieten behagliche Gemütlichkeit.

In unseren Kochseminaren informieren wir Sie aus unserem reichen Erfahrungsschatz aus 27 Jahren Seminartätigkeit in Sachen Produkt, Gesundheit und Nachhaltigkeit und geben Tipps für Logistik, Organisation und Dekoration, damit Sie die Sonnenseiten des Gastgeberdaseins voll genießen können.

NEU: Cucina sapienza – die Ausrichtung unserer Alpen-Adria-Küche nach den Gesetzmäßigkeiten der 5-Elemente-Küche.

Was wie eine Komposition ausschaut, ist einfach der richtige Moment der Wirklichkeit.

SONNLEITNER[SS]

RESTAURANT & LANDHAUS KELLERWAND

★★★★

Sissy & Stefanie Sonnleitner, A-9640 Mauthen 24, Tel.:0043/4715/269
www.sissy-sonnleitner.at info@sissy-sonnleitner.at

Apfel-Mohnporridge

ZUTATEN
FÜR 2 PORTIONEN:

100 g Haferflocken
1/8 l Wasser
1/8 l Milch
2 EL Honig
1 EL Mohn gemahlen
eine Prise Salz
150 g Äpfel
wenig Zitrone
evtl. Mohnöl

ZUBEREITUNG:

Die Haferflocken mit Salz, Milch, Wasser, Honig und Mohn aufkochen und alles langsam ca. 15 Minuten köcheln. Äpfel aufraspeln, mit Zitrone marinieren und zum Schluss zum Porridge geben.
Nach Belieben mit Mohnöl abschmecken.

Tipp: Du kannst das Rezept auch mit Birnen statt Äpfeln und/oder Nüssen statt Mohn variieren.

Warme Suppe vom weißen Gailtaler Landmais

ZUTATEN

FÜR 2 PORTIONEN:

¼ l Milch
1 TL Leinöl oder Olivenöl
Salz
65 g Landmais
(ersatzweise Polenta)
1 Vanilleschote
1 TL Honig
Beerenkompott oder
gedünstete Äpfel

ZUBEREITUNG:

Äpfel in Stücke schneiden, entkernen und in wenig Wasser weich dünsten (ca. 10 Minuten) bzw. Beeren in Wasser kurz kochen (5 Minuten).
Milch mit ausgekratzter Vanilleschote, Öl und Salz aufkochen, Landmais einrühren und ca. 10 Minuten zugedeckt quellen lassen.
Mit Honig abschmecken und mit Kompott oder gedünsteten Äpfeln servieren.

Gebratener Gemüsereis

ZUTATEN

FÜR 2–4 PORTIONEN:

100 g Basmatireis
1 Spritzer Balsamico-Essig
etwas Salz
3 EL Olivenöl extra vergine
4 EL gehackte Paprikaschoten gelb und rot
4 EL gekochte Karotte in kleinen Würfeln
2 Eier

ZUBEREITUNG:

Den Basmatireis in Salzwasser ca. 12 Minuten kochen, abseihen und abtropfen. Paprika und Karotte in Öl anrösten, Reis zufügen, weiterrösten, bis die Zutaten schön trocken sind. In der Mitte die Eier einschlagen und alles kräftig durchrühren. Mit ein paar Tropfen Balsamico-Essig abschmecken und danach nach Geschmack salzen.

Erich

Gesunde Ernährung in der Schule

Es gibt Krankheiten,
die nur durch richtige Ernährung geheilt werden können.

Hippokrates von Kos (gest. um 370 v.Chr.)
Arzt

Gesunde Ernährung: ein Thema in unserer Schule?

WOCHENMENÜ DES GRAUENS ODER DIE SCHULE ALS HOFFNUNGSTRÄGER!

Ihr kennt bestimmt Jamie Oliver oder habt sogar von seinem Projekt der gesunden Küche für die englischen Schulen gehört. Ein tolles Konzept, extrem wichtig – aber schwer durchzusetzen!

Immer wieder werden Schulbuffets umgestellt – gesünder natürlich – und auch Schulküchen bemühen sich, „gesund" zu kochen. Aber ist es wirklich so?

Betreten wir Schulen gegen elf – es ist meist die große Pause –, so werden wir am Pausenbuffet von Wurstsemmeln – oder Knoblauchduft begrüßt: Knoblauch (ist gesund), Pizzabrot und Semmel – aus weißem Mehl gemacht und frisch aufgebacken –, Schnitzelsemmeln, Muffins und Donuts, dazu kühlen Eistee und erfrischende Molkegetränke – gut, aber brrr, da wird uns doch gleich kalt!

Die Gerichte im rechten Beispiel erscheinen auf den ersten Blick köstlich. Das ja, aber es gibt kaum frisches Obst und Gemüse, wenig Vollkorn und höchstwahrscheinlich sind auch zu viele Geschmacksverstärker darin enthalten.

Wir können unsere tägliche Ernährung deutlich verändern, indem wir zu jeder Hauptmahlzeit einfach frischen Salat oder buntes Gemüse zu uns nehmen und als Nachspeise Obst bevorzugen. Viele Ernährungsberater hätten ihre Freude! Paradeiser, Paprika, Gurken, Karotten, Äpfel und Birnen, in Spalten geschnitten, eignen sich vorzüglich als gesunder Snack! Süßspeisen wie Palatschinken sollten eher nicht als Hauptmahlzeit angeboten werden. Und vor allem sollten alle Speisen frisch und ohne Geschmacksverstärker oder sonstige künstliche Zusätze gekocht werden, was wirklich funktioniert und auch gut schmeckt. Immer wieder werden in Schulen Projekte und Vorträge sowie Workshops zum Thema „Gesunde Ernährung" geplant und durchgeführt. Wir werden nicht nur im Biologieunterricht durch kurze, aber dennoch sinnvolle Impulse wirksam auf unsere Nahrungsaufnahme und Essgewohnheiten aufmerksam gemacht und sensibilisiert.

Die Rezepte und Tipps in unserem Kochbuch – von den besten Köchen erstellt – zeigen Dir, wie ein tolles, mit Köpfchen zubereitetes Menü aussehen kann und außerdem schnell zubereitet ist.

Versuchen wir vielleicht mal, einen „Gesunden Ernährungsunterricht" zu gestalten, um uns so die Möglichkeit der Vermittlung „gesunder Ernährung" besser vorstellen zu können. Welche und wie viele Anregungen und Ideen gibt es, wie wir dieses wichtige Thema in unsere Schulen bringen können

Welche Ideen und Anregungen gibt es, wie wir dieses wichtige Thema in unsere Schule bringen können?

Ein Beispiel aus einem nur bedingt gesunden Speiseplan einer Schule:

MONTAG

Lauchcremesuppe

Reisfleisch mit Blattsalat

Fruchtjoghurt

DIENSTAG

Rindsuppe mit Kräuternockerl

Spätzlepfanne mit Hühnerfleisch und gemischtem Salat

Krapfen

MITTWOCH

Selleriecremesuppe

Topfenpalatschinken (Pfannkuchen mit Quarkcremefüllung) mit Vanillesauce

Obst

DONNERSTAG

Hühnersuppe mit Nudeln

Girardirindsbraten mit Kartoffelkroketten

Muffin

FREITAG

Rindsuppe mit Grießnockerl

Fischfilet gebacken mit Petersilkartoffeln und Sauce Tartare

Ribiselkipferl (Teighörnchen mit Johannisbeerfüllung)

Um dies zu veranschaulichen, folgen Beispiele aus einigen Unterrichtsgegenständen. Mehrere Kollegen haben ihre Vorschläge eingebracht und den Unterricht themengerecht gestaltet. Bei Interesse an weiteren Anregungen bitten wir, uns zu kontaktieren – wir helfen gerne!
Fangen wir gleich mit dem eigentlich wichtigsten und vielleicht auch beliebtesten Fach an:

Sport

Eine Ernährungspyramide kann aus verschiedenen Bändern und Seilen bzw. ähnlichen Sportutensilien gebildet werden. In diese Pyramide werden Kärtchen und Merksätze gelegt, in denen es um die Begriffe „wenig", „viel", „Zucker" und „Wasser" geht. Als nächstes können diese oder ähnliche Kärtchen auf einer Hindernisstrecke angeordnet und von den Schülern geordnet werden. Im Anschluss folgt natürlich eine Erklärung und Besprechung.

Geografie

Thema Regenwald und Nahrungsmittel (Fleischproduktion) (1. Klasse)
Beißen wir in einen saftigen Hamburger mit vielen Kalorien, denkt niemand an Sojabohnen und auch nicht an den Regenwald! Und doch: Es besteht eine Verbindung: Unsere europäischen Rinder und Schweine fressen eiweißreiches Sojaschrot als Zusatzfuttermittel zur Schnellmast. Ja sogar die Milchproduktion der Kühe wird dadurch unnatürlich gesteigert.
Wisst ihr, was wir alle dazu beitragen können, dass der Regenwald nicht in dem Maße zerstört wird, wie es zurzeit der Fall ist? Welchen Einfluss hat unser übermäßiger Fleischverzehr? Ist einmal der Regenwald gerodet, bleibt ein

ausgewaschener, nährstoffarmer und karger Boden zurück! Fertigt auch ihr Zeichnungen zum Thema *„Regenwald vor und nach der Rodung des natürlichen Urwaldes"* an!

Deutsch

Entwerft Speisekarten – gesunde und ungesunde Speisen sollten angeführt werden.

Probiert es selbst mal!

Oder in einem Lokal: Lege eine Liste an, was aus der Speisekarte gesund bzw. ungesund ist während ihr auf das Essen wartet oder euch langweilt. (Besser als mit dem Handy spielen!)

Englisch

„An apple a day – keeps the doctor away" – Do it! Try it!

Wenn der Englischlehrer euch Bilder von Nahrungsmitteln in den Unterricht bringt und ihr sie nach „healthy" und „unhealthy" sortieren sollt, schafft ihr das?

Worin unterscheidet sich das Frühstück eines Engländers oder Amerikaners von unserem? Und was nehmen Australier, Briten, Schotten oder Iren (sprechen alle Englisch) am Morgen zu sich? Wusstest du, dass die Engländer zum Frühstück neben Tee „sausages, bacon, ham and eggs, toast, peanut butter, butter honey, coffee, hot chocolate, jam, rolls, baked beans" essen?

Soziales Lernen

Im Biologiesaal, umgeben von Stabheuschrecken und Skarabäus, natürlich im Terrarium, kann man auch gemeinsam Kürbismuffin backen (wenn eine Kochmöglichkeit besteht). Außerdem einen Biobauernhof besuchen, dort Erdäpfel ernten, rohes Korn erkennen lernen und kosten (kauen und somit Kaugummiersatz) und einfach erleben, wie erntefrisches Gemüse köstlich schmeckt.

Biologie: „Biologisch kreativ: Ernährungspyramide"

Damit soll euch erklärt werden, was ihr zum Beispiel frühstücken sollt. Unter dem Motto, „du bist, was du isst!"Oder man bespricht den Unterschied zwischen den Begriffen: Biologie und biologisch.

„Sind diese Erdäpfel Biologie?", fragte uns unlängst ein kleines Mädchen, denn wenn es biologische Erdäpfel seien, würde sie die Schale mitessen. Dieses Kind wusste bereits, was „Bio" ist und welche Bedeutung es hat. Weißt du, was „Bio" bedeutet? Weiß du, woher die „E"s auf diversen Verpackungen stammen?

Wir erinnern uns: Du bist, was du isst!

Spinatknödel mit Parmesan

ZUTATEN

FÜR 4–5 PORTIONEN:

5 würfelig geschnittene, altbackene Dinkelsemmeln
etwas Olivenöl
200 g fein passierter Spinat tiefgekühlt oder
400 g frischen Blattspinat
Salz
Muskat
¼ l Milch
ca. 4 EL Vollwertmehl
80 g klein geriebener Parmesan oder Magerkäse dazugeben
evtl. 2 Tomaten

ZUBEREITUNG:

Spinat pochieren und im Mixer mit 2 Eiern pürieren. Semmeln, Muskat, Mehl und Milch hinzugeben und zu einer Knödelmasse vermischen. Knödelmasse ca. 15 Minuten ruhen lassen.
Die Masse zu Knödel formen und in das kochende Salzwasser geben, leicht wallend kochen.
Mit etwas Olivenöl und dem geriebenen Parmesan und evtl. Tomatenwürfeln servieren.

Tipp: Aus der Knödelmasse können auch Nockerln geformt werden, dazu passt auch eine leichte Kräuterrahmsauce und geschmolzenes Tomatenfilet.

Maisgrießsoufflé pikant

ZUBEREITUNG:

Butter, Gemüsebrühe und Milch aufkochen, den Maisgries einkochen, etwas abkühlen lassen. Mit dem Eidotter vermengen und erst kurz vor dem Abfüllen den Eischnee unter die Masse geben.
Mit Salz, gehackter Petersilie und dem Parmesan oder Salbei würzen.
In gebutterte und gebröselte Dariolformen abfüllen. Die Förmchen in ein Wasserbad geben (= hitzfestes Geschirr, das mit etwas Wasser gefüllt wird) und bei 180 °C Unterhitze etwa 20–25 Minuten garen lassen.

ZUTATEN
FÜR 6 PORTIONEN:

135 ml Milch
135 ml Gemüsebrühe (glutenfrei)
24 g Butter
60 g feiner Maisgries/Polenta
3 Eidotter
3 Eiweiß
Salz
Petersilie
Muskat
Salbeiblätter oder Parmesan

Tipp: Aus der Masse kann auch ein Savarin (französischer Hefekuchen) hergestellt werden.
Die Masse ist auch für alle Hirserezepte auf der Basis des Grießrezeptes verwendbar. Die Menge Grieß durch Hirse ersetzen, alle anderen Zutaten bleiben gleich. Sollte die Hirse nicht genügend Flüssigkeit aufnehmen, mit etwas Gries binden.

ZUTATEN
FÜR 4 PORTIONEN:

120 g Magerjoghurt natur
1 Banane
½ Bioapfel
Früchte der Saison
etwas Honig
Zitronensaft
Minzeblatt

Joghurt-Bananencreme mit Früchten der Saison

ZUBEREITUNG:

Joghurt, Banane und Apfel gerieben in eine Glasschüssel geben, mit Honig und Zitronensaft abschmecken und mit Minzeblatt garnieren. Die Creme mit verschiedenen Früchten zubereiten.

Tipp: Verwende nach Möglichkeit Fair-Trade-Bananen. Die sind nicht nur gut, du hilfst auch den Bauern im Herkunftsland.

Landhaus Bacher
GENIESSER-HOTEL

Genießerhotel Landhaus Bacher, 3510 Mautern, Südtiroler Platz 2
Tel. (0043) 2732 / 829 37, Fax 743 37,
info@landhaus-bacher.at, www.landhaus-bacher.at

Fotos: Lehmann (2), Blaha, Brunner

Lisl Wagner-Bacher

Das Genießerhotel Landhaus Bacher, seit 1979 unter der Führung von Klaus und Lisl Wagner-Bacher, ist seit jeher ein Inbegriff für höchste Genuss- und Weinkultur. Dies unterstreichen unter anderem drei Gault Millau-Hauben, zwei Michelin-Sterne und vier Falstaff-Gabeln sowie weitere Top-Auszeichnungen, beispielsweise „Gault Millau-Koch des Jahres 1983 und 2009", „Bestes Restaurant Österreichs" im Guide A la Carte 2004, 05, 06, 07 und 09, „Bertelsmann-Köchin 2005", „Falstaff-Preis für Weinkultur 2007" oder „Gastronomen des Jahres 2008".

Einmalig ist auch die Lage inmitten einer der schönsten Wein- und Kulturlandschaften Österreichs: Die zur UNESCO Weltkulturerbe ernannte Wachau begeistert mit prächtigen Klöstern, mittelalterlichen Miniaturstädten, biedermeierlichen Dörfern und jahrhundertealten Weinterrassen. Sport- und Freizeitmöglichkeiten wie Golfen oder Radfahren und beste Shoppingadressen in der 1.000jährigen Kulturstadt Krems runden das vielseitige Angebot ab.

Abb. oben: Lisl und Klaus Wagner-Bacher (vorne) mit der nächsten Generation: die beiden im Service tätigen Töchter Christina und Susanne sowie die beiden Schwiegersöhne, Weinspezialist Mandi Kopriva und Koch-Shootingstar Thomas Dorfer, „Gault Millau-Koch des Jahres 2009".

Neu gestaltet: Das einladende Restaurant.

Romantik pur: Der idyllische Gastgarten.

Bärlauchspaghettini

ZUTATEN
FÜR 4 PORTIONEN:

200–300 g Bärlauch
oder Basilikum oder Blattspinat
200 g Vollkorn-Spaghettini
1/8 l Olivenöl extra vergine
12 im Ofen getrocknete Paradeiser
(Tomaten), klein geschnitten
8 EL Parmesan, frisch gerieben
Salz
Pfeffer

ZUBEREITUNG:

Bärlauch putzen, waschen, gut trockenschleudern und in feine Streifen schneiden.
Die Nudeln in Salzwasser al dente kochen. In der Zwischenzeit die Hälfte vom Öl erhitzen, die abgeseihten Nudeln mit dem Bärlauch unterheben und mit den klein geschnittenen Paradeisern und dem Parmesan vermischen.
Mit Salz, schwarzem Pfeffer aus der Mühle und dem übrigen Öl abschmecken.

Tipp: Dieses Gericht ist eine frühlingshafte Abwandlung der klassischen Spaghetti aglio olio. Im Sommer kannst du anstelle des Bärlauchs frisches Basilikum verwenden. Solltest du es gerne ein bisschen schärfer haben, schmecke doch die Spaghettini zusätzlich mit einer frisch gemahlenen Chilischote ab.

Kohlrabi-Morchel-Lasagne

ZUTATEN

FÜR 4 PORTIONEN:

Béchamel:

20 g Butter

20 g Dinkelmehl

3/8 l Milch

Salz

Muskat

Kohlrabi:

4 zarte Kohlrabi

2 Scheiben gekochter fettarmer Schinken (z.B.: Putenschinken)

150 g Morcheln oder andere Pilze

4 EL Butter

100 g Blattspinat

etwas Rindsuppe

Muskat

Salz

Pfeffer

8 EL Béchamel (gibt es als Fertigprodukt, kann man aber auch leicht selbst herstellen: 1 EL Butter und 1 EL Mehl in einer Pfanne anschwitzen, bis das Mehl goldbraun ist. Dann unter ständigem Rühren 250 ml Milch eingießen, bis die Mehlschwitze klumpenfrei ist.)

4 Scheiben fettarmer Käse

ZUBEREITUNG:

Für die Béchamelsauce Butter und Mehl kurz sehr hell anschwitzen, mit kalter Milch aufgießen, würzen und unter öfterem Rühren ca. 1/2 Stunde schwach köcheln lassen.

Kohlrabi schälen und in 5 mm dicke Scheiben schneiden. In Salzwasser weich kochen. Schinkenstreifen in heißem Fett kurz anbraten. Morcheln gründlich abspülen und mit einer Salatschleuder trockenschleudern.

Die Stiele entfernen und die größeren Morcheln halbieren. In Butter anschwenken, würzen. Spinat putzen und in Salzwasser blanchieren, abtropfen lassen und in etwas Rindsuppe und brauner Butter schwenken.

Kohlrabischeiben, Spinat, Morcheln und Béchamel abwechselnd wieder zu einem ganzen Kohlrabi aufschichten. Mit Béchamel und einer Scheibe Käse abschließen. Im Rohr bei 180 °C etwa 7 Minuten backen. Mit gebratenem Schinken bestreuen und servieren.

Beiriedschnitte mit Gemüseg'röstl

ZUTATEN

FÜR 4 PORTIONEN:

Beiriedschnitte:

4 Beiriedstücke à 150 g
scharfer Senf
Worcestersauce
Salz, Pfeffer
Rosmarin
3 Schalotten
1 Schuss Rotwein
1/4 l Rindsfond
70 g eiskalte Butter

Gemüseg'röstl:

4 große Erdäpfel (Kartoffeln)
2 Karotten (Möhren)
Salz
Pfeffer
4 Schalotten
4 Scheiben durchzogener Speck
1 Thymianzweig
1 Rosmarinzweig
200 g verschiedene Pilze (Steinpilze, Eierschwammerl (Pfifferlinge), Shitake-Pilze)
100 g zarte grüne Bohnen (Keniabohnen)

ZUBEREITUNG:

Beiried mit ganz wenig Senf – verbrennt beim Braten leicht – und Worcestersauce bestreichen. 15 Minuten ziehen lassen. Anschließend abtupfen, salzen, pfeffern und in die heiße Pfanne einlegen. Rosmarin beigeben und das Beiried auf beiden Seiten insgesamt 4 Minuten braten. Danach herausnehmen und rasten lassen.

In der Zwischenzeit in einer Pfanne die würfelig geschnittenen Schalotten und Rosmarinnadeln anrösten, mit einem Schuss Rotwein ablöschen und reduzieren. Mit Rindsfond aufgießen, einkochen, abseihen und mit eiskalter Butter aufmontieren.

Erdäpfel und Karotten in ½ cm breite Stäbchen schneiden. Erdäpfel auf allen Seiten ca. 3 Minuten anbraten. Die Karotten dazugeben, salzen, pfeffern und nach 2 Minuten die geviertelten Schalotten, den Speck und die Kräuter beifügen. Zum Schluss die geschnittenen Pilze kurz mitrösten und die Bohnen unterschwenken. Vor dem Anrichten die Kräuterzweige entfernen.

Tipp: Dieses G'röstl kannst du statt mit Pilzen auch mit Artischocken und etwas Knoblauch zubereiten – mit Garnelen und Pesto servieren.

Beeren unter dem Strudelblatt

ZUTATEN

FÜR 4 PORTIONEN:

150 g Himbeeren
(je nach Saison auch Waldbeeren oder gemischte Beeren)
1 EL Staubzucker/Rohrzucker
1 cl Himbeergeist (Kannst du auch weglassen. Aber keine Sorge: der Alkohol verdampft, es bleibt nur der gute Geschmack!)
1 Pkg. fertiger Strudelteig (am besten Vollkorn)
½ l Vanillesauce
400 g gemischte frische Beeren der Saison (Himbeeren, Brombeeren, Heidelbeeren etc.)
Eiklar zum Befestigen
Staubzucker
einige frische Beeren zum Anrichten
Himbeereis
Minze

ZUBEREITUNG:

Himbeeren, Staubzucker und etwas Himbeergeist miteinander mixen, passieren und eventuell mit etwas Wasser verdünnen.
Die Strudelblätter in der Größe deiner Suppenteller ausschneiden.
Die Vanillesauce in den Suppentellern verteilen. Die Beeren putzen, mit etwas Himbeermark marinieren und nach Belieben mit Himbeergeist abschmecken.
Dann die Beeren auf die Sauce setzen. Den Tellerrand mit dem geschlagenen Eiklar bepinseln, den Strudelteig darüber legen und im Rohr bei starker Oberhitze kurz goldbraun backen.
Den Strudel überzuckern, mit Beeren und Minze garnieren.
Mit Himbeereis servieren.

Gesund- und Schlankmacher

Kochen ist eine Kunst und keineswegs die unbedeutendste.

Luciano Pavarotti (1935–2007)
Opernsänger

Mit vielen gesunden PS geht's los – unsere Gesund- und Schlankmacher (A–Z) extra für Dich!

Es gibt einige Nahrungsmittel, die nicht nur gut schmecken, sondern auch noch schlank oder zumindest nicht dick machen. Hier haben wir sie für euch aufgelistet und ein paar Tipps dazu gegeben.

Anis/Stern-Anis

Er mildert Blähungen, stärkt den Magen und lindert den Husten.

Tipp: Anisbögen zu Weihnachten als Alternative zu den süßen Schokokeksen; Anistee lindert Husten und Blähungen.

Bohnen

Sie helfen beim Abnehmen, senken außerdem den Cholesterinspiegel, beugen Herzerkrankungen vor und regulieren die Verdauung, da sie Ballaststoffe enthalten.

Tipp: ca. viermal die Woche ein wenig Bohnen unter einen Salat mischen!

Brokkoli

Esst ihr gerne Brokkolisuppe? Man kann z.B. Vollkornbrotwürfel zur Suppe servieren. Brokkoli gilt jedenfalls als starke Waffe gegen Krebserkrankungen und kurbelt das Immun- und auch Herz-Kreislauf-System an. Er enthält reichlich Kalzium, das stärkt z.B. eure Knochen.

Tipp: Als Suppe, Beilage oder als Salat; eine Alternative ist Kohl.

Hafer

Haferflocken mit Milch oder Joghurt sind ideal zum Frühstück und dann noch frisches Obst oder Rosinen dazu. Hattet ihr schon mal einen Krampf in den Waden? Wenn ja, dann wisst ihr, wie weh das tun kann! Hafer hat eine krampflösende Wirkung!

Hafer ist kalorienarmes Getreide und enthält viele Balaststoffe, die unseren Darm schützen, und ist auch reich an Vitamin B_1, das für den Stoffwechsel wichtig ist. Hafer enthält zudem Eisen.

Tipp: Statt Haferflocken könnt ihr auch Leinsamen oder Weizenkeime übers Müsli geben.

Heidelbeere

Sie enthält reichlich natürlichen Sonnenschutz, also Antioxidantien (diese bekämpfen Giftstoffe wie freie Radikale). Sie verringert das Risiko für Herz- und Kreislauferkrankungen und Brustkrebs.

Tipp: Heidelbeeren sollten frisch oder auch getrocknet genascht werden! Alternativen sind Kirschen, Erdbeeren oder Himbeeren.

Joghurt

Naturjoghurt, d.h. ohne Zuckerzusatz, sollte bevorzugt werden. Gebt dann selbst Früchte oder Honig dazu oder kaum gezuckerte Marmelade.

Jedenfalls sollte Joghurt Probiotika (= lebende Mikroorganismen) enthalten, die das Wachstum der gesunden Darmbakterien anregen können.

Tipp: Iss bis zu zwei Tassen fettarmes Joghurt oder auch Kefir pro Tag, z.B. auch zur Jause.

Kürbis

Kürbis ist sicherlich kein Gemüse, das nur zu Halloween Verwendung finden sollte! Kürbissuppe, Kürbisgulasch, Kürbisrisotto, Kürbismuffin – es gibt viele Verwendungsmöglichkeiten und deiner Fantasie sind fast keine Grenzen gesetzt!

Kürbis ist ballaststoffreich, kalorienarm sowie reich an Carotinoiden, die eine ganz wichtige Rolle für deine Haut, Augen und Immunabwehr spielen. Außerdem wirkt er positiv auf unsere Stimmung – vielleicht, weil so manch lustig ausgeschnittener Kürbiskopf uns derart zum Lachen bringt!?!

Achtung: Unterscheidet aber zwischen Speise- und Zierkürbis; Letzterer ist ungenießbar.

Tipp: Auch Kürbiskerne sind gesund! Geröstete Kerne könnt ihr über Salate, Brote und Suppen streuen.

Orangen

Sie gelten als Geheimwaffe gegen viele Krankheiten, denn sie enthalten sowohl im Fruchtfleisch als auch im Saft und der Schale (nur ungespritzte Früchte nutzen) Vitamine und die sogenannten Zitrusflavonoide – wieder Schutzstoffe der Natur.

Tipp: Vor allem im Winter solltet ihr möglichst jeden Tag eine frische Orange oder Mandarine essen, zumal es dann kein frisches Obst aus unseren Breiten gibt.

Tomaten – Paradeiser

Das tiefrote Carotinoid Lycopin kommt in gekochter Form am besten zur Wirkung; im Sugo für Spaghetti zum Beispiel. Paradeiser haben krebsvorbeugende Wirkung, sind hautverjüngend und schützen die Gefäße.

Tipp: Spaghetti al pomodoro, Pizza Margherita und selbstgemachtes Ketchup (allerdings ungesüßt) sind angesagt.

Putenbrust

Dieses Fleisch ist ein Lieferant von wichtigen Eiweißstoffen – Proteinen –, diese brauchen wir für den Zellbaustoff. Das Element Selen ist für den Stoffwechsel und als Schilddrüsenhormon wichtig, Zink stärkt das Immunsystem.

Tipp: Ohne Haut hat Putenfleisch weniger Kalorien und ist ein wahrer Schlankmacher!

Soja

Das ist der Alleskönner. Soja ist reich an Vitaminen, pflanzlichem Eiweiß und gesunden Fettsäuren sowie Phytoöstrogenen (hormonähnlichen Pflanzeninhaltsstoffen). Ihr solltet aber darauf achten, möglichst kein gentechnisch verändertes Soja zu essen.

Tipp: Sojamilch kann ins Müsli, die Sprossen passen zu Mittag in den Salat und Tofu ist ein hervorragender Fleischersatz.

Spinat

Wusstet ihr, dass nicht nur Karotten, sondern auch Spinat die Sehkraft der Augen stärkt? Betain heißt der Wirkstoff. Außerdem schützt die im Spinat enthaltene Substanz Q10 die Haut und lässt sie besonders attraktiv aussehen.

Tipp: Eurer Suppe könnt ihr eine Handvoll knackige Spinatblätter oder frischen Mangold zufügen – schmeckt gut und ist gesund!

Tee

Er ist entzündungshemmend und die darin enthaltenen sogenannten Flavonoide schützen euer Herz.

Tipp: Trinkt eine Tasse Tee am Tag! Zum Beispiel abgefüllt in coolen Thermosflaschen für die Schule. Aber trinkt vom schwarzen und grünen Tee nicht zu viel, sonst schlägt euer Herz vielleicht zu schnell! Früchtetees können in großen Mengen getrunken werden.

Walnüsse

Sie sind das klassische Brainfood, also Nahrung fürs Gehirn, weil sie sehr viel an Vitamin B enthalten. Sie tun unserem Blut gut, da sie auch reich an Eisen sind. Ihre Fettsäuren schützen Gefäße und Herz; beruhigen die Nerven, machen euch cool vor Prüfungen. Aber esst nicht zu viel, denn sie sind eben auch sehr fetthaltig. Etwa 15 Gramm pro Tag sind ideal.

Tipp: Streut jeden Morgen vor der Schule eine Handvoll Nüsse übers Müsli oder genießt sie als Pausen-Snack. Ideal sind sie auch vor einer Prüfung – statt hektisch Cola hinunterzuschütten!

Wildlachs

Die in ihm enthaltenen Fettsäuren – sogenannte Omega-3-Fettsäuren – hemmen schlechte Entzündungsreaktionen und lindern Schmerzen (z.B. bei Rheuma).

Zitrone

Sauer macht lustig! Wer Zitrone schon mal einfach so gegessen hat, weiß, was damit gemeint ist! Sie ist reich an Vitamin C und stärkt die Abwehrkraft.

Tipp: Bestellt euch mal Mineralwasser mit frischem Zitronensaft statt der sonst üblichen gezuckerten Getränke wie Cola, Eistee, Limonaden etc. Vor allem im Sommer und bei großem Durst bringt das wirkliche Erfrischung!

Martina Willmann

Ich, Martina Willmann, war Küchenchefin in Haubenrestaurants (Schwarzes Kameel, Novelli). Seit fast zwei Jahren bin ich selbstständig mit dem kulinarischem Projekt „Willmannkochen“ – hier vereine ich Kochschule, Showküche und Catering-Service.

Ich bin überzeugt, dass Kochen eine Gefühlssache ist, dazu gehört Freude und Begeisterung am Tun sowie Einfühlungsvermögen, was mit dem Essen in der Pfanne passiert.

das Kochstudio

Im modernst ausgestatteten Kochstudio in 1020 Wien biete ich eine Vielzahl an verschiedenen Kursen an. Vom lustig-verspielten Kinderkochen bis zur opulenten Krustentierkunde, vom schnellen Gesundheitsmenü beim TCM-Kochen zum verführerischen 5-Gang-Gourmet-Menü für besondere Anlässe.

Gleichgültig, welchen Kurs ich leite, bleibe ich immer meinem Prinzip treu: „Spaß beim Essen und Kochen ist pure Lebensqualität“. Jeder Mensch kann kochen und mit einigen Küchen-Tipps wird es ein leichtes und lustvolles Unterfangen.

hauben-catering

Ich biete Catering für den individuellen Anlass ebenso an wie für üppige Feiern für bis zu 500 Personen. Wie im Kochstudio lege ich auch beim Catering größten Wert auf die Qualität der Zutaten sowie auf das lukullische Erlebnis der Geschmacksknospen.

business-privat-menu

Als kleine Besonderheit wird für vertrauliche Geschäftsessen im Kochstudio ein Menü nach individuellen Wünschen zusammengestellt, um das berufliche Muss mit dem privatem Etwas zu verbinden.

Ich gehe immer individuell auf die Wünsche und Vorstellungen ein und bin bei jedem Event, ob groß oder klein, immer persönlich an den Töpfen.

Martina Willmann
Komödiengasse 3, 1020 Wien
Tel.: 0676 72 777 57
Email: martina@willmannkochen.at

ZUTATEN

FÜR 4 PORTIONEN:

4 Stück Zucchini
2 Stück Zwiebel
1 EL Tomatenmark
1 EL Olivenöl
2 Zehen Knoblauch
1/16 l Obers
(Schlagsahne) (18% Fett)
ca. 0,5 l Wasser
1 Lorbeerblatt
Salz
Pfeffer

Zucchinicremesuppe

ZUBEREITUNG:

Zwiebel und Knoblauch schälen, klein schneiden. Zucchini waschen, in Scheiben schneiden.
In einem Topf das Olivenöl erwärmen, Zwiebel darin farblos anschwitzen, Knoblauch und Zucchini beigeben. Durchrösten, anschließend das Tomatenmark beigeben und umrühren.
Mit Wasser aufgießen.
Mit Salz und Pfeffer würzen. Lorbeerblatt beigeben. Ca. 10 Minuten bei kleiner Flamme kochen lassen, Lorbeerblatt entfernen. Anschließend mit dem Stabmixer pürieren und mit Obers abschmecken.

Klare Hühnersuppe con le stelline

ZUTATEN

FÜR 1 l SUPPE:

400 g Hühnerfleisch mit Knochen (Flügerl oder nur Hühnerknochen)
1 Stück Zwiebel
1 Bund Suppengrün (Petersilienwurzel, Karotte, Sellerie, Lauch)
2 Zehen Knoblauch
1 Lorbeerblatt
1 TL Pfefferkörner
1 TL Wacholderkörner
ca.2–3 l Wasser
Salz

Einlage:

Sterne (stelline)

Achtung: *Kochdauer 1 Stunde!*

ZUBEREITUNG:

Die Knochen kalt abschwemmen, anschließend in einen geräumigen Topf geben und mit kaltem Wasser bedecken.
Die Petersilienwurzel waschen, klein schneiden. Zwiebel samt Schale halbieren.
Alle übrigen Zutaten, außer dem restlichen Suppengemüse und den Einlagen, in den Topf geben, mit Wasser aufgießen und langsam aufkochen lassen.
Mit Salz würzen. Einige Male umrühren, damit sich nichts anlegt. Wenn die Suppe einmal aufgekocht hat, nicht mehr umrühren, damit sie nicht trüb wird.
Bei kleiner Flamme 1 Stunden kochen lassen. Die letzte halbe Stunde das Suppengemüse beigeben.
Vor dem Abseihen abschmecken und evtl. noch etwas Salz beigeben.
Durch ein feines Sieb abseihen. Diese Suppe kannst du mit den verschiedensten Einlagen (stelline) servieren.

Brathuhn mit Vogerlsalat und schwarzem Sesam

ZUTATEN
FÜR 4 PORTIONEN:

1 Brathuhn
1 Zweig frischer Rosmarin
Salz
Pfeffer aus der Mühle
Olivenöl zum Braten
Vogerlsalat (Feldsalat)
Kürbiskerne
schwarzer Sesam
Kürbiskernöl

Achtung: *Bratdauer ca. 1 Stunde!*

ZUBEREITUNG:

Backrohr auf 180 °C vorheizen.
Das Huhn waschen, gut abtrocknen, mit Salz und Pfeffer würzen.
Den Bauch des Huhns mit Rosmarin füllen, etwas Öl hinzuträufeln.
In einer Bratpfanne etwas Öl erhitzen, das Huhn mit der Brust nach unten hineinlegen und ins Backrohr geben.
Nach ca. 15 Minuten umdrehen und fertig braten. Immer wieder mit etwas Öl aus der Pfanne übergießen.
Dauer: ca. 60 Minuten
Den Vogerlsalat waschen und zerteilen. Etwas Kürbiskernöl hinzugeben und mit reichlich Küribskernen und schwarzem Sesam bestreuen.

Grießknödel mit Beeren

ZUTATEN

FÜR 4 PORTIONEN:

500 g Milch
1 Stange Bourbon-Vanille
120 g Butter
3 EL Rohr- oder Kristallzucker
150 g Polenta (Maisgrieß)
2 Eier
Bröseln
3 EL Rapsöl
100 g Vollkornbröseln
2 El Rohrzucker für die Bröseln
300 g gemischte Beeren
je nach Saison

ZUBEREITUNG:

Milch, Vanille, Zucker und Butter in einen Topf geben, aufkochen.
Anschließend den Polenta unter ständigem Rühren einlaufen lassen.
So lange kochen lassen, bis sich die Masse komplett vom Geschirr löst.
Anschließend kalt stellen.
Wenn die Masse überkühlt ist, die Eier unterrühren (am besten mit den Händen) und kleine Knödel formen.
Die Knödel in einen Topf mit kochendem Wasser geben. Bei kleiner Flamme ca. 8 Minuten ziehen lassen. Das Wasser soll nicht wallend kochen!!
Wenn die Knöderl aufsteigen, sind sie fertig.
In der Zwischenzeit für die Brösel das Öl erhitzen. Die Bröseln beigeben und rösten. Die Brösel sollen gold-gelb und knusprig sein.
Sofort in eine Schüssel umleeren, damit die Bröseln nicht in der heißen Pfanne nachziehen und verbrennen. Zucker beigeben und durchmischen.
Die gekochten Knöderl mit einem Gitterschöpfer herausnehmen und in den Bröseln wälzen.
Mit den Beeren servieren.

Tipp: Du kannst die Beeren auch mit etwas Holunderblütensirup vermischen, dann schmecken sie noch besser.

Joghurtcreme mit Erdbeeren

ZUTATEN

FÜR 4 PORTIONEN:

1 Becher Joghurt (250 g)
1 Bio-Zitrone/Bio-Limette
etwas Honig
1 EL Rohrzucker
500 g frische Erdbeeren

ZUBEREITUNG:

Das Joghurt in eine Schüssel geben; Zitronenzesten (geriebene Schale der Zitrone), Rohrzucker und Honig beimengen.
Anschließend in 4 Schüsseln oder Gläser füllen.
Die Erdbeeren waschen, in Scheiben schneiden und mit dem Joghurt vermischen.
Eventuell mit Vollkornkecksen servieren.

Register

Speisenfolge

Frühstück

Vorspeisen

Hauptspeisen

Nachspeisen

Kuchen

persönliche Beratung
riesiges Produkt-sortiment
das GELBE Bonus-programm
Geschenklisten Service
Wünschen & Schenken
www.krawany.com
KRAWANY
seit 1663
die Fachgeschäfte in Mödling
Eisen & Ofenstudio . Handarbeiten . Haushalt . Porzellan . Spiel
Freiheitsplatz 4 - 2340 Mödling, Tel. 02236/41500-0, Fax 02236/43115, info@krawany.com